बेस्ट सेलर लेखक कैसे बनें ?

राजेन्द्र सिंह बिष्ट

PRACHI
DIGITAL PUBLICATION

Title   :   Best Seller Lekhak Kaise Bane

Author   :   Rajender Singh Bisht

Edition   :   1st (January, 2024)

ISBN   :   978-9387856868

Published by

PRACHI
DIGITAL PUBLICATION

Regd. Add. :   254, Khuriyakhatta No. 10, Bindukhatta,
                Lalkuan, Nainital - 262402, Uttarakhand, India
Website   :   www.prachidigital.com
E-mail   :   info@prachidigital.in
Phone   :   +91 976041 7980
              +91 976041 8103

सफलता की पहली शर्त यह है कि यदि आप इस किताब के एक या दो चैप्टर पढ़कर ही अपनी मानसिकता बना लेते हैं कि यह किताब आपके लिए बेकार है, तो आप सफल लेखक बनने के लिए तैयार नहीं हैं। सफल लेखक बनने की दूसरी शर्त यह है कि किताब को पूरा पढ़ें और उसके बाद अपना निर्णय लें। मुझे विश्वास है कि यह किताब आपकी सोच को बदल देगी और बेस्ट सेलर लेखक बनने में आपकी मदद करेगी।

अनुक्रमणिका

यह किताब क्यों?

हर लेखक का सपना होता है कि बेस्ट सेलिंग लेखक की सूची में उसका नाम भी शामिल हो। यह बात अलग है कि कुछ लेखक पैसा कमाने के लिए बेस्ट सेलर बनना चाहते हैं, तो वहीं कुछ लेखक सिर्फ नाम कमाने के लिए बेस्ट सेलर बनना चाहते हैं। अब आप किस माइंडसेट के साथ बेस्ट सेलर बनना चाहते हैं, यह आप पर निर्भर करता है। लेकिन अक्सर यह सवाल प्रत्येक नये लेखक या किताब प्रकाशित करा चुके लेखकों के मन में हमेशा ही हिरनी की तरह कुलांचे मारता रहता है कि बेस्ट सेलर कैसे बनें या हम बेस्ट सेलर क्यों नहीं बन पाए या हमारे लेखन में ऐसी कौन सी कमी रह गई है, जिस कारण हम सफल लेखक नहीं बन पाए।

बेस्ट सेलर कैसे बने? इस वाक्य को यदि आप गूगल पर सर्च करते हैं तो आपको गूगल सर्च के रिजल्ट में ढेरों आलेख पढ़ने के लिए मिल जाएंगें, जिसमें आपको बताया जाएगा कि आप क्या लिखें? कैसे लिखें? किताब कैसे प्रकाशित करें? प्रकाशक का चयन कैसे करें? लेखक बनने की प्रक्रिया, आपको लिखने के लिए सुझाव और बहुत सारे मार्केटिंग कैसे करें से संबंधित बहुत सारी जानकारियाँ,

लेकिन सर्च रिजल्ट से प्राप्त सभी आलेखों में आपको ऐसे बहुत सारे महत्वपूर्ण बातें नहीं बताई जाती हैं, जिन्हें जानना सभी लेखकों के लिए जरूरी होता है। ताकि लेखक को इन सभी महत्वपूर्ण जानकारी पहले से हो और लेखक अपना माइंडसेट बना सके या अपनी किताब की सफलता के लिए ब्लू प्रिन्ट तैयार कर सके।

इस किताब में यही सब समझाने का छोटा सा प्रयास किया गया है कि बेस्ट सेलर कैसे बना जा सकता है या किन कारणों से आप बेस्ट सेलर नहीं बन पा रहे हैं। इसके अलावा कई महत्वपूर्ण जानकारियाँ भी लेखकों के लिए पुस्तक में दी गई हैं, जो कि प्रत्येक लेखक को पता होनी चाहिए, क्योंकि कई बार लेखक पर्याप्त जानकारी न होने के कारण सफल लेखक बनने से चूक जाते हैं। जिसके बाद कई बार लेखक जीवन भर इस अफसोस में रहते हैं कि वे सफल लेखक नहीं बन पाए, लेकिन क्यों? यह उन्हें जीवन भर पता नहीं चल पाता है। प्रकाशन व्यवसाय में होने के कारण मैंने लेखकों को बहुत नजदीक से जानने का प्रयास किया है, जिसका नतीजा यह किताब है, ताकि मैं लेखकों को इस किताब के माध्यम से सफल बनने में उनकी मदद कर सकूँ।

यदि आप ऑनलाइन बुक स्टोर या ऑफलाइन बाजार में जाते हैं और लेखक बनने के लिए किताबें खोजते हैं तो आपको 200-400 पेजों की काफी सारी किताबें पढ़ने के लिए मिल जाएंगी, जो आपको लेखक बनना सीखा देंगी। इसके अलावा डिजिटल युग में कई सफल लेखक बेस्ट सेलर लेखक बनने के लिए ऑनलाइन क्लॉसेस भी चला रहे है। लेकिन ध्यान देने वाली बात है कि उनकी क्लास लेकर या सफल लेखक कैसे बनें जैसी किताबें पढ़कर आप लेखक बन सकते हैं, लेकिन सफलता के लिए अपना माइंडसेट नहीं बना सकते हैं। उसके लिए आपको प्रकाशन

उद्योग के साथ ही स्वयं को भी जानना होगा कि क्या आप बेस्ट सेलर लेखक बनने के लिए तैयार हैं।

इस किताब में इस बात का बहुत ज्यादा ध्यान रखा गया है कि किताब में नीरस आलेखों को शामिल न करके और बहुत ज्यादा बड़ी किताब न बनाकर सिर्फ और सिर्फ जरूरी जानकारियों व आलेखों को ही शामिल किया गया है। जिस कारण यह किताब आपको छोटी जरूर लग सकती है, क्योंकि कम शब्दों में बहुत सारी जानकारियाँ देने का प्रयास किया गया है। यह बात भी उल्लेखनीय है कि बहुत ज्यादा लंबी-चौड़ी किताब कोई नहीं पढ़ना चाहता है।

यदि आप प्रकाशित लेखक हैं, लेकिन आप बेस्ट सेलर नहीं बन पाए हैं तो आपको इस किताब में अपनी गलतियाँ पता चल सकेगी। अगर आप नये लेखक हैं तो आप इस किताब को पढ़कर अपनी सफलता के लिए माइंडसेट बना सकते हैं। यदि आप इस किताब को ध्यान से पढ़ें और अनुसरण करें तो हो सकता है कि अगले बेस्ट सेलर लेखक आप ही हो। मुझे पूर्ण विश्वास है कि यह किताब नये एवं प्रकाशित लेखकों को बेस्ट सेलर बनने में पूरी मदद करेगी।

आपका शुभचिंतक

राजेन्द्र सिंह बिष्ट

अध्याय - 1

संघर्ष के लिए तैयार रहें और बेस्ट सेलर लेखक बनें

यदि आप भी बेस्ट सेलर लेखक बनने की चाह रखने वाले लेखक हैं और आप मेहनत व संघर्ष करने के लिए तैयार हैं तो आपके लिए यह किताब फायदे का सौदा सिद्ध होने वाली है। सर्वप्रथम मैं आपको बताना चाहता हूँ कि अपनी सफलता के लिए आपको स्वयं मेहनत और संघर्ष करना जरूरी है, तभी आप सफल हो सकते हैं।

भगवान बुद्ध ने भी तीन छोटे शब्दों में यही संदेश दिया है –

अप्प दीपो भव ः ।

अर्थात, भगवान बुद्ध ने अपने संदेश में कहा है कि किसी और से उम्मीद लगाने की बजाय, अपना प्रकाश (प्रेरणा) खुद बनो। कोई भी किसी की सफलता का मार्ग प्रशस्त नहीं कर सकता। व्यक्ति को अपने जीवन के उद्देश्य का फैसला स्वयं लेना चाहिए और किसी दूसरे का मुँह नहीं ताकना चाहिए।

यदि आपको सफल लेखक बनना है तो आपको खुद के लिए काम करना होगा और अपनी सफलता के लिए स्वयं रास्ता खोजना होगा, क्योंकि कोई भी आपकी सफलता के लिए अपना समय नहीं देगा या आपके लिए जोखिम नहीं उठाएगा। इसलिए अपनी असफलता के लिए दूसरे लोगों को दोष देने के स्थान पर अपनी सफलता के लिए प्रयास करें और दूसरे के भरोसे सफल बनने के सपने को छोड़कर लगातार प्रयास करते रहें। आपके लगातार प्रयासों से ही आपको सफलता प्राप्त हो सकती है।

मैं एक सुप्रसिद्ध विश्व स्तरीय बेस्ट सेलर किताब 'रिच डैड पूअर डैड' को पढ़ रहा था, जिससे मुझे एक बहुत प्रेरक संदेश मिला, इस प्रसिद्ध किताब में यह संदेश दिया गया है कि अधिकांश लोग अपनी असफलता के लिए दूसरों पर दोष मढ़ते हैं। उनकी किताब में एक प्रसंग था कि अधिकांश कर्मचारी सिर्फ इसलिए काम करते हैं, ताकि उनकी नौकरी बनी रह सके या अच्छी सैलरी प्राप्त कर सकें।

वहीं, कई कर्मचारी अपनी कंपनी या फैक्ट्री में काम करते हुए भी अपने मालिक या बॉस को यह दोष देते हैं कि उसके मालिक या बॉस द्वारा उसे कम सैलरी दी जा रही है या उसका इस्तेमाल किया जा रहा है। जबकि ये वे कर्मचारी होते हैं, जो अपनी

योग्यता को बढ़ाने के लिए काम नहीं करते हैं और न ही भविष्य में उनकी ऐसी कोई योजना होती है, वे रोज ही अपने बॉस या मालिक को दोष देते रहते हैं और हमेशा ही देते रहेंगें, लेकिन फिर भी अपने मालिक की कंपनी या कार्यस्थल पर कार्य करते रहते हैं, क्योंकि उन्हें सिर्फ अपना जीवन जीना है। वे अपनी सफलता के लिए प्रयास करने से डरते हैं, क्योंकि उन्हें नौकरी छूटने का डर अपनी सफलता के लिए कुछ समय निकालने के लिए या कुछ नया सीखने की प्रेरणा से प्रेरित होने से रोकता है। इस तरह से ऐसे कर्मचारी बिना किसी उद्देश्य के लगातार जीवन भर काम करते रहते हैं। उन्हें पता नहीं होता है कि उनके जीवन में उनका क्या उद्देश्य है? वे उद्देश्यहीन होकर लगातार प्रतिदिन सुबह में उठते हैं और तैयार होकर ऑफिस या कार्यस्थल पर जाते हैं, फिर शाम को घर आते हैं फिर सो जाते हैं। इसी दिनचर्या को पूरा करते हुए वे फिर महीने के अंतिम दिन का इंतजार करते हैं, क्योंकि यह दिन उन्हें सैलरी मिलने का दिन होता है।

सुप्रसिद्ध किताब 'रिच डैड पूअर डैड' के लेखक ने अपनी इस किताब में लिखा है कि यदि ऐसे कर्मचारी अपने मालिक या बॉस को अपनी स्थिति के लिए जिम्मेदार मानते हैं तो उन्हें अपने बॉस या मालिक को बदलना होगा। यदि वे अपने बॉस या मालिक को नहीं बदलते हैं तो उन्हें लगातार समस्याओं का सामना करना पड़ेगा। तो क्यों न अपने बॉस या मालिक को ही बदल लिया जाए, क्योंकि उनकी मानसिकता के अनुसार उनके बॉस या मालिक ही उनकी उनकी वर्तमान स्थिति के अनुसार जिम्मेदार हैं।

हाँ, यदि आप अपनी वर्तमान स्थिति या असफलता के लिए स्वयं को जिम्मेदार मानते हैं तो आप खुद को बदल लें और कुछ नया सीखें। बेस्ट सेलर किताब 'रिच

डैड पूअर डैड' किताब के अनुसार दुनिया में अधिकतर लोग सबकी मानसिकता को अपने अनुसार बदलना चाहते हैं, जबकि वे खुद को कभी भी नहीं बदलना नहीं चाहते हैं या कुछ नया नहीं सीखना चाहते हैं। यह भी उल्लेखनीय है कि दूसरों को बदलने से आसान खुद को बदलना है। इसलिए अपनी असफलता या समस्या के लिए दूसरों को दोष देना बंद करें और खुद की सफलता के लिए काम करना शुरु करें।

ध्यान दिजिएगा, यदि ऐसे कर्मचारी खुद को नहीं बदलते हैं और अच्छी सैलरी या प्रमोशन के लिए नई जॉब की तलाश करते हैं, तो इसके बाद भी उनकी समस्याएं कभी कम नहीं होती हैं, क्योंकि उन्हें हर जगह उनका बॉस या मालिक उनके साथ न्याय न करते हुए ही मिलेगा, क्योंकि यह अन्याय करने वाली धारणा उनके मन–मस्तिष्क में अपना घर कर चुकी है। वे अपनी मानसिकता बना चुकें हैं कि उनकी असफलता या असंतुष्टि के लिए उनका मालिक या बॉस या दूसरे लोग ही जिम्मेदार है। इसके अलावा ऐसे लोग सिर्फ पैसे के लिए काम करना चाहते हैं, उनके लिए पैसा ही महत्वपूर्ण होता है। जिस कारण वे जीवन में कभी सफल जीवन नहीं जी पाते हैं और पैसे के पीछे भागते रहते हैं। यदि जीवन में पैसे को प्राप्त करना है तो सफल होना और लगातार सीखते रहना इसकी पहली शर्त है।

मैंने अधिकांश मामलों में देखा है कि अक्सर यही गलती अधिकांश लेखक भी करते है। ध्यान देने वाली बात है कि अधिकांश लेखक खुद की सफलता के लिए काम नहीं करना चाहते हैं, जिस कारण वे खुद की असफलता के लिए प्रकाशकों को जिम्मेदार ठहराते हैं और इस तरह से वे जीवन भर असफल ही रहते हैं।

आपने अक्सर ऐसे परिवारों को अपना जीवन यापन करते हुए जरुर देखा होगा, जो बहुत ही गरीबी में जीवन यापन कर रहे हैं। इनकी जीवनशैली देखकर

अक्सर समाज के लोग कहते हैं कि जो व्यक्ति खुद की सफलता के लिए काम नहीं करता है, वह गरीबी से बाहर नहीं आ सकता है। क्या आप जानते हैं कि वे गरीब क्यों हैं? क्योंकि वे कभी भी अपनी सफलता के लिए विचार नहीं करते हैं, क्योंकि उनका पहला उद्देश्य सिर्फ आज के लिए पैसा कमाना होता है, ताकि वे शाम की रोटी खा सकें। जिस कारण वे भविष्य के लिए नहीं सोचते हैं। लेखकों की असफलता के लिए भी यही नियम कारक रहता है, क्योंकि अधिकांश लेखक अपने भविष्य के लिए सजग नहीं रहते हैं, वे सिर्फ आज और तत्काल ही प्रभाव से सफलता प्राप्त करना चाहते हैं। वे अपनी बिना मेहनत किए ही रॉयल्टी के रूप में धन कमाना चाहते हैं। जिस कारण अधिकांश लेखक अपने जीवन में असफल रहते हैं।

मैंने अक्सर नोटिस किया है कि कई बार लेखक सिर्फ पैसा बनाने के उद्देश्य से सेल्फ पब्लिशिंग प्रकाशक से रॉयल्टी के लिए मोलभाव करते हुए या सिर्फ किताब को प्रकाशित कराने भर की संतुष्टि के लिए वे अपनी किताब या खुद की सफलता के लिए काम करना ही भूल जाते हैं।

वहीं, अधिकांश मामलों में लेखक अपनी खुद की सफलता के लिए कभी विचार नहीं करते हैं, वे सिर्फ रॉयल्टी के रूप में पैसा कमाने के लिए भागते रहते हैं। आप सफल लोगों या लेखकों की जीवनी पढ़कर यह सीख या प्रेरणा प्राप्त कर सकते हैं कि यदि आप जीवन में सफल हो जाते हैं तो पैसा आपके पीछे भागता है, आपको पैसे के पीछे भागदौड़ या मोलभाव करने की जरूरत नहीं होती है।

अक्सर कुछ लेखक कहते हैं कि हमारा काम लिखना है, जो हम कर चुकें हैं, इससे आगे का काम प्रकाशक का है। लेकिन आपने कभी खुद से भी सवाल किया है कि क्या आप सच में सफल लेखक या बेस्ट सेलर लेखक बनना चाहते हैं?

मेरे कहने का तात्पर्य कि आप सिर्फ किताब प्रकाशित कराने के लिए ही लिख रहे हैं या सिर्फ किताब प्रकाशित कराने के लिए लिख चुकें हैं? यदि आपको सफल लेखक बनना है तो आपको भी सोच बदलनी होगी। आपको माइंडसेट बनाना होगा कि आपको वास्तव में सफल लेखक बनना है। तभी आप सफल लेखकों की सूची में अपना नाम बना पाएंगें। यदि आप सिर्फ यह सोचते हैं या अपनी मानसिकता बना चुकें हैं कि मेरा काम सिर्फ लिखने तक ही तक सीमित है और प्रकाशक का काम किताब को प्रकाशित कर लेखक को बेस्ट सेलर लेखक बनाना है, तो आपके सफल लेखक बनने के कोई चांस नहीं है, क्योंकि आपके अंदर सफल लेखक बनने के लिए जूनून नहीं है। आप जोखिम नहीं लेना चाहते हैं। आपकी जानकारी के लिए बता दूं कि इतिहास गवाह है जिन्होंने अपनी सफलता के लिए जोखिम उठाकर और समाज के उपहास को अनदेखा करते हुए अपनी सफलता के लिए काम किया है, सफलता का स्वाद भी उन्हीं लोगों ने चखा है।

वहीं, कुछ लेखक कहते हैं कि उनका सपना है कि वे बेस्ट सेलर लेखक बनें। जबकि यह सिर्फ उनका एक सपना ही होता है, वे अपने सपने को साकार करने के लिए स्वयं मेहनत या प्रयास नहीं करना चाहते हैं। वे चाहते हैं कि उनका सपना प्रकाशक साकार करे, जिस कारण ऐसे लेखक जीवन भर सफल लेखक नहीं बन पाते हैं। यदि आपने सफल लेखक बनने का सपना देखा है तो इसे साकार करने के लिए आपको मेहनत और प्रयास करना होगा। ध्यान देने वाली बात है कि बिना मेहनत के कोई सफलता नहीं मिलती है। सपने सभी देखते हैं, इच्छाएं सभी की होती है, अर्थात प्रत्येक व्यक्ति की इच्छाएं और सपने होते हैं, जिन्हें वह पूरे होते हुए देखना चाहता है। लेकिन क्या सपने या इच्छाएं बिना कर्म के पूरे हो सकते हैं? नहीं हो सकते

हैं, क्योंकि सपने या इच्छाएं पूरे करने के लिए हमें मेहनत करनी पड़ती है, लगातार प्रयास करने पड़ते हैं।

अक्सर लेखक कहते हैं कि हम कोई व्यापारी नहीं है, हम अपने लेखन को पैसे देकर प्रकाशित नहीं करा सकते हैं, क्योंकि हम अपने लेखन को बेचना नहीं चाहते हैं। ऐसे लेखकों को खुद से सवाल करना चाहिए कि आप क्यों लिख रहे हैं? और क्यों प्रकाशित कराना चाहते हैं?

इसके अलावा कुछ लेखक यह भी कहते हैं कि अपनी खुद की किताब के लिए प्रचार करना उन्हें उचित नहीं लगता है और न ही भविष्य में वे अपनी किताब को खुद प्रचारित करना चाहते हैं। जबकि ध्यान देने वाली बात है कि यही मानसिकता लेखक को सफल लेखक बनने से रोकती है। जिस कारण ऐसे लेखक जीवन भर हमेशा ऐसे प्रकाशक का इंतजार करते रहते हैं, जो उनकी किताब को प्रकाशित करने के लिए जोखिम ले सके। जबकि ऐसे लेखकों को जीवन में कभी सफलता नही मिल पाती है, जिस कारण उनका सपना अधूरा रह जाता है और वे सफल लेखकों की गिनतियों में शामिल नहीं हो पाते हैं।

कई बार यह किस्मत वाली बात होती है या कुछ लेखक अपने मित्रों या अपने सहकर्मियों के ट्रेडिशनल प्रकाशकों से सीधे संपर्क होने के कारण अपनी किताब को ट्रेडिशनली प्रकाशित कराने में सफल हो जाते हैं, लेकिन फिर भी वे सफल लेखक नहीं बन पाते हैं। जबकि ध्यान देने वाली बात है कि ऐसे संपर्कों के माध्यम से उनकी किताब सिर्फ प्रिन्ट होती है, जबकि अन्य लोगों व मित्रों की नजरों में सिर्फ उनकी किताब ट्रेडिशनली प्रकाशित हो जाती है, (इस संबंध में आगे के पन्नों में चर्चा की गई है) सफलता उन्हें तब भी नहीं मिल पाती है, क्योंकि वे सफलता के लिए कुछ

भी प्रयास नहीं करते हैं, या वे सफलता के लिए कुछ प्रयास भी नहीं करना चाहते हैं, क्योंकि उन्हें अपनी किताब के लिए कार्य करना उचित नहीं लगता है।

मेरे एक लेखक मित्र हैं, जिनका यहाँ पर नाम नहीं लेना चाहूंगा, जो अक्सर सेल्फ पब्लिशिंग मॉडल पर कार्य करने वाले प्रकाशकों की आलोचना करते थे। हालांकि मैं भी सेल्फ पब्लिशिंग कंपनी का संचानल कर रहा था, लेकिन कभी भी हम दोनों के बीच में इस बात को लेकर बहस नहीं हुई। वे हमेशा ट्रेडिशनल पुस्तक प्रकाशन के पक्ष में थे। यह उनका प्रयास था या किस्मत थी कि उनकी किताब के प्रकाशन के लिए एक ट्रेडिशनल पब्लिशर मिल गया, लेकिन क्या आप भी जानना चाहते हैं कि क्या मेरे मित्र लेखक बेस्ट सेलर लेखक बन पाएं? जहाँ तक मेरी जानकारी में वे अब गुमनाम हो चुकें हैं, क्योंकि उन्होंने भी अपनी सफलता के लिए कार्य नहीं किया और उनके ट्रेडिशनल प्रकाशक ने उनकी किताब को प्रिन्ट करके ऑनलाइन उपलब्ध करा दिया, क्योंकि उनकी किताब का प्रकाशक बड़े डिस्ट्रीब्यूशन नेटवर्क की सुविधा के साथ बड़ा ट्रेडिशनल प्रकाशक नहीं है। इस तरह से उनकी निःशुल्क ट्रेडिशनल मॉडल के अन्तर्गत किताब प्रकाशित हो गई, जो उनका कई वर्षों से संजोया गया सपना था। इस तरह की सेवाएं उपलब्ध कराने वाले ट्रेडिशनल प्रकाशकों की कार्यशैली के बारे में आगे के अध्यायों में चर्चा की गई है।

यह विचार करने वाला कथन है कि यदि हम खुद ही अपनी सफलता के लिए कुछ प्रयास नहीं करना चाहते हैं, तो कोई हमारे लिए क्यों करेगा? यहां तक मेरा निजि अनुभव भी यह है कि बिना खुद की मेहनत के कभी सफलता नहीं मिलती है। सफलता की अंतिम सीढ़ी चढ़ने के लिए दिन और रात का फर्क देखे बिना मेहनत करनी पड़ती है। यदि आप सफल लेखक बनना चाहते हैं तो आपको अपना नजरिया

बदलना होगा। आपको बता दूं कि यदि आप अपनी किताब को एक प्रॉडक्ट के रूप में देखते हैं तो आपको सफल होने से कोई नहीं रोक सकता है। सबसे जरूरी है कि आपको अपनी किताब को एक प्रॉडक्ट के रूप में प्रस्तुत करना होगा और अपनी किताब के लिए सेल्समैन बनना होगा। सोचिए, अगर आप सेल्समैन नहीं बनना चाहते हैं तो आप कैसे अपनी किताब को बेच पाएंगे या कैसे अपनी किताब के बारे में दूसरों को बता पाएंगे? इसलिए बेस्ट सेलर लेखक बनने के लिए सबसे पहली शर्त यही है कि आपको लेखक वाले नजरिए के दायरे से निकलकर एक सेल्समैन और एक सफल सेलर के नजरिए से सोचना होगा।

एक बिजनेसमैन के संघर्ष का अवलोकन किजिए, वह अपने प्रॉडक्ट को बेचने के लिए कितने माध्यमों से प्रचार करता है और कई मार्केटिंग व प्रमोशन युक्तियों पर कार्य करता है, तब जाकर उसे ग्राहक मिल पाते हैं। वह अपने प्रॉडक्ट को बेचने के लिए रणनीतियाँ बनाता है और अपने संभावित ग्राहकों को तलाश करता है। अपने संभावित ग्राहकों को संतुष्ट करने के लिए वह हरसंभव प्रयास करता है, ताकि वह अपने बिजनेस को प्रॉफिटेबल बना सके।

इसी तरह से लेखक को भी अपनी किताब को सिर्फ एक लेखक वाले नजरिए से बाहर निकलकर उसे अपने एक नये प्रॉडक्ट के रूप में देखना होगा, जिस तरह से भारतीय बेस्ट सेलर लेखक अमीश त्रिपाठी ने कई ट्रेडिशनल पब्लिशिंग हाउस से अपनी पांडुलिपी के रिजेक्ट होने के बाद भी हार नहीं मानी और अपनी किताब को सेल्फ पब्लिश किया और उसके प्रचार के लिए हरसंभव प्रयास किया।

यह दुःखद है कि हमारे देश में अधिकांश लेखक सेल्फ पब्लिशिंग मॉडल के बारे में जानते ही नहीं हैं या जानते हुए अनदेखा करने का प्रयास करते हैं। मैं एक

लेखक राजीव रोशन का आलेख पढ़ रहा था, उनके आलेख के अनुसार, भारतीय कभी भी जागरूक होना ही नहीं चाहते हैं। भारतीय अपने लिए एक लक्ष्मण रेखा तैयार कर लेते है कि हमें इससे आगे बढ़ना नहीं है और न ही कुछ सुनना है, तो ऐसे में वे इन नयी पब्लिशिंग मॉडल एवं प्रिन्टिंग तकनीकों को कैसे जान पायेंगे।

आप ही सोचिए, यदि सुप्रसिद्ध भारतीय लेखक अमीश त्रिपाठी ने हताश होकर अपनी पहली पुस्तक को सेल्फ पब्लिश मॉडल के अन्तर्गत प्रकाशित न कराकर उसे अलमारी में बंद कर दिया होता तो क्या होता? सोचिये कि अगर ई.एल. जेम्स ने 'फिफ्टी शेड्स ऑफ़ ग्रे' के लिए ट्रेडिशनल प्रकाशकों के भरोसे बैठीं रहती और सेल्फ-पब्लिश न कराया होता तो दुनिया ऐसी सफल किताबों को कभी पढ़ पाती।

यह उल्लेखनीय है कि यदि अमीश त्रिपाठी भी अपनी किताब को लेकर लेखक वाले नजरिये से सोचते और केवल यह मानसिकता बना लेते कि वे सिर्फ एक लेखक हैं और प्रकाशक के भरोसे रहते हुए सिर्फ ट्रेडिशनल पब्लिशर के ऑफर का इंतजार करते रहते तो शायद आज उन्हें कोई नहीं जानता। वे कहीं गुमनाम हो जाते और अन्य लोगों की तरह रोजमर्रा की सामान्य जीवन जी रहे होते।

आज प्रकाशक इन लेखकों की सफलता से आकर्षित होकर स्वयं उन्हें बड़े-बड़े ऑफर दे रहे हैं, ताकि उनकी अगली किताब सबसे पहले उन्हें ही प्रकाशन के लिए मिले। जबकि उनके शुरुवाती दिनों में प्रकाशकों ने उनकी किताब को प्रकाशित करने से नकार दिया था, और अंत में जिस प्रकाशक ने उनकी किताब को प्रकाशित करने का मन बनाया था, वह उनकी पूरी कहानी को अपने अनुसार बदलना चाहता था। जिस कारण अमीश त्रिपाठी ने सेल्फ पब्लिशिंग की ओर कदम बढ़ाया और पूरी किताब को अपनी इच्छनुसार प्रकाशित कर उसके प्रमोशन एवं मार्केटिंग के लिए

काम किया। उन्होंने अपनी किताब के प्रमोशन के लिए धन, मन और तन जहाँ तक हो सकता है, सब कुछ दांव पर लगा दिया, जिसके फलस्वरूप आज अमीश त्रिपाठी का नाम भारत में सबसे ज्यादा पढ़े जाने वाले लेखकों की गिनती में शामिल हैं।

क्या आपने कभी खुद से सवाल किया है कि क्या मैं भी अगला बेस्ट सेलर लेखक बन सकता हूँ? नहीं किया है तो खुद से सवाल करें, और अपनी कमियों पर विश्लेषण करें। विश्लेषण करें कि आप क्यों बेस्ट सेलर लेखक नहीं बन पा रहे हैं? मैं कहता हूँ कि यदि आप अपनी सोच को बदल देते हैं तो आप भी बेस्ट सेलर लेखक बन सकते हैं। आपको बेस्ट सेलर लेखक बनने से दुनिया की कोई भी ताकत नहीं रोक सकती है। बशर्ते कि आप खुद के लिए काम करें और स्वयं को ब्रांड बनाने के लिए लगातार प्रयास करें।

मैं ऐसे कई लेखकों को जानता हूँ, जिन्होंने अपनी किताबें सेल्फ पब्लिशिंग के माध्यम से प्रकाशित कराई हैं, लेकिन उन्हें अपनी किताब के बारे में मित्रों या परिचितों के बीच में चर्चा करना अपमानजनक सा लगता है। उन्हें महसूस होता है कि उन्हें अपनी किताब के बारे में स्वयं चर्चा करना बहुत खराब अनुभव लगता है। यह सोचने वाली बात है कि अगर एक व्यापारी या दुकानदार अपने प्रॉडक्ट के बारे में चर्चा नहीं करेगा या उसे झिझक महसूस होगी तो उसके प्रॉडक्ट के बारे में लोग कैसे जान पाएंगें? आप खुद ही सोचिए यदि मैंने किताब लिखी है तो मैं क्यों शर्म या झिझक महसूस करूं? जबकि अपनी किताब के बारे में चर्चा करते हुए मुझे या आपको गर्व होना चाहिए, क्योंकि लेखक ही स्वयं अपनी किताब पर गर्व नहीं करेगा तो संभावित पाठक कैसे आपकी किताब को पढ़ने के लिए विचार कर सकता है।

आप यह भी मान सकते हैं कि बेस्ट सेलर लेखक बनने के लिए आपको अपनी

सोच को व्यापारी या सेल्सैन जैसी बनानी होगी। मत सोचिए कि लोग क्या कहेंगें? या आपके बारे में पीठ पीछे क्या कहा जाएगा? मैं दोबारा से अपनी बात दोहरा रहा हूँ कि इतिहास उठाकर देख लिजिए, इतिहास में वही लोग सफल हुए हैं, जिन्हें उनकी पीठ पीछे ही नहीं, उनके सामने भी उनके नवनीत प्रयोगों या प्रयासों का मजाक उड़ाया गया था, लेकिन वे आज सफल उद्यमी हैं और उनके नाम से ही उनका प्रॉडक्ट बिकता है।

यह भी उल्लेखनीय है कि अब लोग उनकी नकल करते हैं और सफल हो रहे हैं, जिसके लिए कभी उनका मजाक बना था। इसलिए आज से ही खुद के लिए काम करें, खुद की सफलता के लिए काम करिए और लोग क्या कहेंगें? इस डर को खत्म करिए या अनदेखा कर दिजिए।

आपकी जानकारी के लिए बताना चाहता हूँ कि एक व्यक्ति के पानी बेचने के आइडिया पर खूब मजाक उड़ा था, लेकिन वही व्यक्ति आज पूरी दुनिया को पानी बेच रहा है और आज उनकी कंपनी पूरी दुनिया में नंबर #1 कंपनी है, और उनकी कंपनी के कार्यालय आज पूरी दुनिया में मौजूद है। अगर पानी बेचने वाली कंपनी के संस्थापक समाज द्वारा मजाक उड़ाए जाने के डर से अपना काम बंद कर देते तो शायद ही उनकी कंपनी आज विश्व का इतना बड़ा ब्रांड बन पाती। *इस संबंध में अधिक जानकारी के लिए गूगल पर सर्च करें, आपको पूरी जानकारी मिल जाएगी।*

यह सुनिश्चित है कि लोग क्या कहेंगें? या लोग मजाक बनाएंगें, इस डर से कोई भी लेखक सफल नहीं हो सकता है। फैसला आपके हाथ में है कि क्या आप वास्तव में सफल लेखक बनना चाहते है या आप सिर्फ किताब प्रकाशित कराना चाहते हैं?

इसके अलावा यह बात हमेशा ध्यान रखें कि यदि आपको अपने जीवन में

वास्तव में सफल लेखक बनना है तो आपको स्वयं प्रयास करना होगा, क्योंकि यदि आप स्वयं अपनी सफलता के लिए प्रयास नहीं करते हैं तो इस संसार में कोई भी आपकी सफलता के लिए प्रयास नहीं करेगा।

आपको यह भी मानना होगा कि परिश्रम और प्रयास का कोई दूसरा विकल्प इस संसार में उपलब्ध ही नहीं है। सफलता के लिए कोई भी छोटा या आसान मार्ग नहीं होता है। लगातार प्रयास और मेहनत के बिना आप कभी सफलता प्राप्त नहीं कर सकते। आपको अपने प्रयासों में विफलता से हतोत्साहित नहीं होना चाहिए। इसलिए आपको ध्यान में रखना चाहिए कि कठोर परिश्रम, लगातार प्रयास और धैर्य जीवन में सफलता का मूल मंत्र है। केवल मन की इच्छाओं से नहीं बल्कि कठोर परिश्रम और सतत् प्रयासों से ही एक मनुष्य अपने लक्ष्य को प्राप्त कर सकता है। अर्थात सफलता का एकमात्र उपाय कड़ी मेहनत और लगातार प्रयास करना ही है।

यदि आपके पास सफल लेखक बनने के प्रयास से बचने के लिए बहुत सारे अनचाहे बहाने हैं, इसका मतलब यह है कि आप सफल लेखक तो बनना चाहते हैं लेकिन प्रयास और जोखिम लेने से डरते हैं। सफलता और जोखिम न लेना या प्रयास न करना, कभी भी एक साथ नहीं हो सकते हैं। कुछ लेखक केवल सफल होने के सपने देखते हैं, जबकि कुछ लेखक अपनी सफलता के लिए प्रयास करते हैं और इसके लिए कठिन मेहनत करते हैं। फलस्वरूप प्रयास करने वाले लेखक सफल की सूची में शामिल हो जाते हैं और पूरी दुनिया में सफलता का परचम लहराते हैं।

यदि आप वास्तव में सफल लेखक बनना चाहते हैं तो इस बात को हमेशा ध्यान में रखें कि सफलता के लिए आपका प्रयास और संघर्ष जितना अधिक कठिन होगा,

सफलता उतनी ही ऊंची और शानदार होगी। यह कथन सर्वमान्य है कि यदि आप हार मान लेते हैं या प्रयास ही नहीं करना चाहते हैं तो दुनिया की कोई भी ताकत आपको सफल नहीं बना सकती है, इसलिए कहा गया है, 'मन के हारे हार है और मन के जीते जीत'।

अध्याय - 2

अपनी किताब के प्रमोशन के लिए स्वयं जिम्मेदारी लें

अक्सर देखने में आता है कि अधिकांश लेखक सोचते हैं कि हमारा कार्य सिर्फ लिखना है। हम अपना काफी समय देकर मेहनत कर रहे हैं, जो हम कर चुकें हैं और प्रकाशक का कार्य प्रकाशित करना है, इसके साथ ही लेखक की किताब को बेचना, मार्केटिंग, प्रमोशन सहित जितना अधिक वे कल्पना कर सकते है, वह सब कुछ होता

है। जो कि पूर्णतया गलत विचारधारा है, अर्थात आप भगवान के भरोसे बैठे हुए हैं और अब भगवान ही आपकी मदद कर सकता है। कई बार लेखक सफल नहीं हो पाते हैं, क्योंकि वे सोचते हैं कि मैं किताब प्रकाशित करूंगा और पाठक ढूढ़ते हुए आ जाएगें या मेरी किताब में दम होगा तो पाठको तक खुद ही पहुंच जाएगी, लेकिन आपने सोचा है कि क्यों पाठक आपकी किताब को पढ़ने के लिए आएंगें। जब तक आप अपनी किताब को पाठकों तक नहीं पहुंचाएंगे, तब तक कैसे पाठक आपकी किताब को पढ़ पएगा। आपको अपनी किताब को पाठक तक पहुँचाना होगा। कई बार लेखक यह सोचते हैं कि भगवान की कृपा रहेगी तो मेरी किताब अवश्य सफल हो जाएगी, लेकिन यह भी हमेशा ध्यान रखने योग्य है कि भगवान भी उनकी ही मदद करता है, जो स्वयं कर सफलता के लिए प्रयास करता है।

अगर आपने कुछ भी लिखा है तो आप उसके रचयिता हैं, आप अपनी किताब के मालिक हैं, आपकी किताब आपका प्रॉडक्ट है, इसलिए अपने प्रॉडक्ट के बारे में चर्चा करने में किसी भी तरह की झिझक महसूस करने का अर्थ यह है कि आप सफल नहीं होना चाहते हैं या आपके अंदर सफल होने की कोई काबिलियत नहीं है। सफलता पाने के लिए अपनी किताब के लिए शर्म या झिझक महसूस करने के स्थान पर आपको अपनी किताब पर गर्व करना चाहिए और उसके प्रकाशन व प्रचार–प्रसार इत्यादि को लेकर स्वयं जिम्मेदार होना होगा। हमेशा ध्यान रखें कि ख्याली पुलाव पकाने से या हाथ पर हाथ रखकर किस्मत पलटने के भरोसे रहने से कभी सफलता नहीं मिलती है।

मान लिजिए, आप रोटी खाना चाहते हैं तो उसके लिए सबसे पहले आपको रोटी बनाने के लिए आटे का इंतजाम करना होगा, फिर आटा गूंथना होगा, फिर

उसे पकाना होगा और तब जाकर ही आप रोटी को खा सकेंगें। ऐसा तो नहीं है कि सीधे रोटी ही खाना शुरू कर देंगें। इसी तरह से सफल लेखक बनना भी आसान है, लेकिन उसके लिए आपको स्वयं अपने लिए माइंडसेट तैयार करना होगा।

मैंने पिछले कई वर्षों से लेखकों की मानसिकता का ध्यान से अवलोकन किया है, जिसके अर्न्तगत मैंने पाया है कि अधिकांश लेखकों की मानसिकता यह भी होती है कि यदि उनका लेखन या किताब अच्छी है, तो पाठक स्वयं ही ढूंढ़ लेंगे। कई बार लेखक कहते हैं कि यदि उनकी किताब अच्छी होगी तो स्वयं ही पाठकों तक पहुंच जाएगी। लेकिन ऐसे लेखक कभी भी यह नहीं सोचते हैं कि आखिर पाठक उनकी किताब को कैसे ढूंढ़ पाएंगें? या किस प्रकार से एक लेखक की किताब बिना किसी प्रयास के अपने संभावित पाठक के पास पहुंच जाएगी।

मान लिजिए कि आप बहुत अच्छा खाना बनाते हैं, जिसे खाकर कोई भी अपनी अंगुलियाँ तक चाटने लगे। लेकिन जब तक आप अपने बनाए गई डिश के बारे में किसी को बताएंगें ही नहीं, या अपनी डिश को किसी भी व्यक्ति के साथ शेयर ही नहीं करेंगें तो आखिर कैसे अन्य लोगों को पता चल पाएगा कि आप बहुत अच्छा खाना बनाते हैं। जब तक आप खुद अपनी डिश के बारे में किसी को नहीं बताएंगें, तब तक आपकी डिश और खाना बनाने के कौशल को कैसे जान पाएंगें।

आपकी किताब को लेकर भी यही नियम कार्य करता है। जब तक आप अपनी किताब के बारे में किसी को भी नहीं बताएंगें तो आखिर आपकी किताब कैसे बिक पाएगी। आपकी किताब ऑनलाइन ईकॉमर्स वेबसाइट पर पड़ी रहेगी और अपने पाठकों का इंतजार करती रहेगी। अंत में आप यह मानसिकता बना लेंगें कि शायद आपको लिखना नहीं आता है, या आपकी किताब को पाठकों द्वारा पसंद नहीं किया

गया है। ऐसी परिस्थिति में आप लिखना छोड़ देंगें या यह मान लेंगें कि आप कभी सफल नहीं हो सकते हैं या अपने प्रकाशक को ही अपनी किताब के न बिकने के लिए जिम्मेदार ठहरा देंगें। अर्थात, आपको अपनी किताब की सफलता के लिए खुद अपनी किताब के बारे में लोगों को बताना होगा, या प्रचार करना होगा।

एक ज्योतिषी ने मेरे बारे में बताया था कि यह सरकारी नौकरी करेगा, लेकिन मैंने सरकारी नौकरी के लिए आज तक कोई आवेदन नहीं किया, क्योंकि मुझे नौकरी नहीं करनी थी। क्या मेरी सरकारी नौकरी लग गई? इसका जवाब है नहीं, क्योंकि मैंने अपने जीवन में सरकारी नौकरी के लिए कभी प्रयास ही नहीं किया, न ही कभी सरकारी नौकरी के लिए कोई तैयारी की। जिस कारण मुझे कभी भी सरकारी नौकरी नहीं मिली, क्योंकि सरकार खुद मुझसे आकर थोड़े ही कहेगी कि आपके ज्योतिषी ने कहा है कि आप सरकारी नौकरी करेंगें, जिस कारण आपको सरकारी नौकरी के लिए आमंत्रित किया जा रहा है।

अर्थात, आप मान सकते हैं कि जब तक हम अपनी सफलता के लिए प्रयास नहीं करेंगें, तब तक सफलता हमारे पास नहीं आएगी। सफलता कभी स्वयं हमारे पास खुद नहीं आती है, उसे पाने लिए प्रयास और मेहनत जरूरी है। यदि आपको अपनी किताब के लिए पाठक चाहिए तो आपको प्रयास करना पड़ेगा, तभी आपकी किताब पाठकों के पास पहुंच पाएगी।

युनेस्को की एक रिपोर्ट के अनुसार वर्ष 2013 में सिर्फ भारत में ही 90,000 पुस्तकें प्रकाशित हुई थी। आपको यह जरूर जान लेना चाहिए कि वर्ष 2013 में सेल्फ पब्लिशिंग मॉडल इतना प्रचलित नहीं हुआ था, जितना कि आज प्रचलित है। ध्यान दें कि लेखकों के बीच आज सेल्फ पब्लिशिंग मॉडल सबसे अधिक प्रचलित

है और बहुत ज्यादा सस्ती सेल्फ पब्लिशिंग सेवाएं मार्केट में उपलब्ध है। अब आप स्वयं ही अनुमान लगा सकते है कि वर्तमान में प्रकाशित किताबों की संख्या कितने लाखों में होगी और ऐसे में आपकी किताब बिना किसी प्रयास के इन लाखों किताबों के बीच कैसे अपने पाठक तलाश कर पाएगी।

हमेशा ध्यान रखें कि यदि आपको अपनी किताब के प्रचार करने में या खुद अपने शहर की किताबों की दुकानों में बेचने में झिझक महसूस हो रही है तो आप कभी बेस्ट सेलर लेखक नहीं बन सकते हैं। इसके अलावा यदि आप अपनी पुस्तक को सिर्फ ट्रेडिशनल पब्लिशिंग के माध्यम से ही प्रकाशित कराना चाहते हैं और सेल्फ पब्लिशिंग के माध्यम से प्रकाशित नहीं कराना चाहते हैं, तो भी आप अपने बेस्ट सेलर लेखक बनने के सपने के साथ न्याय नहीं कर रहे हैं या यह भी हो सकता है कि आप अपनी किताब की सफलता को लेकर गंभीर नहीं हैं।

ट्रेडिशनल पब्लिशिंग का रास्ता चुनने के लिए आपके पास कई ऐसे अनचाहे कारण हो सकते हैं, जो कि निम्न प्रकार हो सकते हैं, जिनकी सूची नीचे दी जा रही है। ऐसा भी हो सकता है कि इन कारणों में से कुछ आपके भी हो–

1. आपको अपनी किताब के बारे में अपने मित्रों, ऑफिस के सहयोगियों और रिश्तेदारों के बीच प्रचार-प्रसार या किताब के बारे में चर्चा करने में शर्म या झिझक महसूस होती है।

2. किताब लिखना सिर्फ आपका शौक है या आप सिर्फ नाम कमाने के लिए किताब लिख रहे हैं, इसलिए किताब पब्लिश करने में आप अपना खुद का पैसा इन्वेस्ट नहीं करना चाहते हैं।

3. आप भी सोचते हैं कि लेखक का काम सिर्फ लिखने तक ही सीमित है, जो

आप कर चुकें हैं, इसलिए आप सेल्फ पब्लिशिंग के माध्यम से अपनी किताब को प्रकाशित नहीं कराना चाहते हैं।

4. आपको अपनी किताब की सफलता पर भरोसा नहीं है, इसलिए आप स्वयं प्रचार-प्रसार, समय की बर्बादी और सेल्फ इन्वेस्टमेंट से बचना चाहते हैं।

5. आप पहली किताब ट्रेडिशनल प्रकाशक के माध्यम से प्रकाशित कराकर बेस्ट सेलर बनकर पैसा कमाना चाहते हैं, ताकि उसके बाद दूसरे प्रकाशक आपके सामने लाइन लगाकर ऑफर लेकर खड़े रहें।

क्या आपने कभी एक सब्जी वाले की दिनचर्या का अवलोकन किया है। एक सब्जी वाला ठेले पर गली-गली जाकर सब्जियाँ बेचता है। यह तो आप जानते ही होंगे कि वह सीधे सब्जी बेचने नहीं चला जाता है। सबसे पहले सुबह-सुबह उठकर उसे मंडी में जाना होता है। मंडी में जाकर वह सब्जियाँ खरीदता है, उसके बाद अपने घर आकर खराब और अच्छी सब्जियों की छंटाई करता है। छंटाई के बाद सब्जी का ठेला सजाता है, तब जाकर वह सब्जी बेचने के लिए गली-गली जाकर आवाज लगाता है और पूरे दिन गली-गली घूमकर यह कोशिश करता है कि उसकी सारी सब्जियाँ बिक जाए।

मान लिजिए, सब्जीवाला आराम से एक जगह सब्जी का ठेला खड़ा करके आराम करता रहे और सोचे कि जिसे सब्जी लेनी होगी, वह खुद ही मेरे ठेले के पास आकर ले लेगा। आप खुद ही सोचिए, क्या उसकी सब्जी बिकेगी? आप सही सोच रहे हैं, सब्जी वाले की सब्जियाँ नहीं बिकेगी, क्योंकि हर रोज कई सब्जी वाले उन्हीं गलियों में चक्कर काटते हैं और अपनी सब्जियों को बेचने का हर संभव प्रयास करते हैं।

यही हाल लेखकों की दुनिया का है, प्रतिदिन हजारों पुस्तकें प्रकाशित होती हैं। सबसे बड़ी बात है कि डिजिटल क्रांति ने प्रत्येक मुहल्ले में एक लेखक या कवि को जन्म दिया है और इन सभी की चाहत यही रहती है कि कोई प्रकाशक इनकी किताब निःशुल्क प्रकाशित कर दे। कोई प्रकाशक उनसे एक रूपया प्रकाशन के लिए न मांगें, क्योंकि इनकी भी मानसिकता यही हो गई है कि लिखना हमारा अधिकार है और निःशुल्क प्रकाशित करना प्रकाशक की जिम्मेदारी है। सिर्फ इस मानसिकता के कारण कई बार ऐसे लेखक सेल्फ पब्लिशिंग प्रकाशकों से भी बहस करते हैं और जिसका कोई रिजल्ट नहीं मिलता है।

लेखक का निःशुल्क प्रकाशन का अधिकार, ट्रेडिशनल पब्लिशिंग मॉडल और सेल्फ पब्लिशिंग मॉडल के बारे में आगे के अध्यायों में विस्तार से चर्चा की गई है।

यह बात समझने वाली है कि यदि एक लेखक को खुद ही अपनी किताब की सफलता पर विश्वास नहीं है, तो भला कोई भी प्रकाशक क्यों ऐसे लेखकों पर अपना पैसा इन्वेस्ट करना चाहेगा और कोई पाठक किताब को क्यों पढ़ना पसंद करेगा? यदि आपको अपनी किताब पर विश्वास है, तो ट्रेडिशनल प्रकाशकों के दफ्तरों में चक्कर मत लगाईए, अपनी खुद की किताब सेल्फ पब्लिश करें, या स्थानीय प्रिन्टर से किताब की प्रतियाँ प्रिन्ट कराएं और उसे बेचने व प्रमोट करने के लिए नये-नये प्लान बनाएं। अपने मित्रों, परिवार और रिश्तेदारों से अपनी किताब के प्रमोशन में सहयता के लिए अनुरोध करें। इस समय को आप सिर्फ रॉयल्टी के रूप में पैसा कमाने की ओर ध्यान न देकर सिर्फ किताब को अधिक से अधिक हाथों में पहुंचाने के लिए प्रयास करें।

यदि आपने अपनी किताब को अपने खुद के प्रयासों से इतना अधिक प्रचारित

कर दिया कि आपका नाम समसामयिक लेखकों की गिनती में शामिल हो जाए। भले ही इस गिनती में हजारवें नंबर पर हो, लेकिन यह आपकी स्वयं की सफलता होगी। यदि इस सफलता के बाद यदि आप किसी भी ट्रेडिशनल प्रकाशक के पास अपनी किताब के प्रकाशन का प्रस्ताव लेकर भी जाएंगें तो वह आपकी किताब पर अपना पैसा इन्वेट करने पर विचार कर सकता। क्या पता यहीं से आपकी किस्मत की चाबी खुल जाए।

यदि आप वास्तव में अपनी किताब की सफलता चाहते हैं तो अपनी किताब के बारे में लोगों को खुद बताना शुरू करें। आखिरकार, यदि आप ही अपनी खुद की किताब के लिए मार्केटिंग नहीं करेंगें, तो आप कैसे उम्मीद कर सकते हैं कि अन्य कोई भी संस्थान या व्यक्ति आपकी पुस्तक के प्रमोशन के लिए या आपके लिए प्रचार करने में मदद करें?

अपनी पुस्तक को प्रकाशित होने को एक बड़ी उपलब्धि मानें और यह कुछ ऐसा होना चाहिए कि आपको गर्व होना चाहिए कि आपकी पुस्तक प्रकाशित हुई है और इसके बारे में उत्साह के साथ प्रचार करना आपका सार्वभौमिक अधिकार है। उदाहरण के तौर पर मान लिजिए, यदि कोई व्यक्ति जिम जाना शुरू करता है तो वह अपने दोस्तों, परिचितों और उन सभी लोगों को (जिन लोगों वह जानता है) बताता है कि मैंने जिम जाना शुरू किया है। दूसरा उदाहरण, यदि आप कहीं घूमने जाते हैं तो आप अपनी फोटो सोशल मीडिया या व्हॉट्सएप स्टेटस पर जरूर शेयर करते होंगें, ताकि आपके परिचितों एवं मित्रों को पता चल सके कि आप घूमने गये हैं। तीसरा उदाहण, मान लिजिए कोई व्यक्ति नई कार लेता है तो वह सबसे पहले अपने मित्रों एवं रिश्तेदारों को बताने का प्रयास करता है कि उसने नई कार ली है।

इसके लिए वह समय-समय पर सोशल मीडिया या व्हॉटसएप पर स्टेटस अपडेट करता रहता है।

इसी तरह से, यदि आप भी अपनी पुस्तक का प्रचार स्वयं अच्छी तरह से करते हैं तो आपको आश्चर्य होगा कि यह आपकी पुस्तक की बिक्री में तेज गति प्रदान कर सकता है और आपको लोग पहचानने लगते हैं।

इसके अलावा Word of Mouth मार्केटिंग का हमेशा ही सर्वश्रेष्ठ विकल्प रहा है। मान लिजिए कि आप अपनी किताब के बारे में अपने दोस्तों को बताते हैं और आपके दोस्त अपने दोस्तों को बताते हैं और उनके दोस्त अन्य दोस्तों को बताते हैं, और इस तरह से Word of Mouth मार्केटिंग शुरू हो जाता है। इसके अलावा ऐसी कई युक्तियाँ हैं, जिनके माध्यम से आप अपनी किताब को प्रमोट कर सकते हैं। जिसके लिए आप मार्केटिंग एवं प्रमोशन से संबंधित किताबें पढ़ सकते हैं। इसके अलावा गूगल पर भी मार्केटिंग एवं प्रमोशन रो संबधित जानकारी सर्च कर सकते हैं, ताकि आप अपनी किताब को बेहतर तरीके से प्रमोट कर सकें।

अध्याय - 3

सफल लेखक बनने का मंत्र,
सिर्फ अपने मन की सुनें

अक्सर देखने में आता है कि कुछ प्रकाशित लेखक नये लेखकों को यह कहते हुए भटकाने का प्रयास करते हैं कि हमारी किताबें निःशुल्क प्रकाशित हुई हैं, या निःशुल्क प्रकाशन लेखक का अधिकार है, या प्रकाशक का काम ही लेखक की किताब को बिना किसी शुल्क के प्रकाशित करना है, या प्रकाशक का कार्य है कि

लेखक को प्रकाशित कर उसकी किताब को सभी स्टोर पर उपलब्ध कराए और इसके अलावा बहुत सारी मनगढ़ंत झूठी कहानियाँ सुनाते हैं, जो अक्सर लेखकों को सच लगती हैं और सीधे मन-मस्तिष्क में अपना डेरा जमा लेती है।

इसके अलावा मैंने अक्सर लेखकों को देखा है, वे सुनी-सुनाई बातों को लेकर भ्रमित रहते हैं कि वे अपनी किताब किस माध्यम से प्रकाशित कराएं या उन्हें अपनी किताब सशुल्क प्रकाशित करानी चाहिए या निःशुल्क प्रकाशित करानी चाहिए या अगर मैं लेखक हूँ तो मेरी किताब निःशुल्क ही प्रकाशित होनी चाहिए। ऐसे ही कई तरह की धारणाएं लेखक के मनोमस्तिष्क में डेरा डाले रहते हैं, जिस कारण वह अन्य प्रकाशित लेखकों से सलाह लेते है तो उसे कई बार सुनी-सुनाई बातों को ही सच मान लेते है।

मैंने नोटिस किया है कि कई बार वरिष्ठ लेखक नये लेखकों से कहते हैं कि हमारी किताबें अब तक निःशुल्क प्रकाशित हुई है और अब तक हमारी हर महीने हजारों रूपये में रॉयल्टी आ रही है। जब नया लेखक उनसे पूरे प्रोसेस की जानकारी मांगता है तो वे कोई जवाब नहीं देते है, न ही कोई सहयोग देते हैं, क्योंकि उनका काम होता है नये लेखकों को हतोत्साहित करना है और उनके मनोबल को गिराना है। बस यहीं से शुरू हो जाती है सफलता और कामयाबी की राह से भटकने की राह। जबकि यह भ्रम फैलाने वाले वे लेखक होते हैं, जिनकी सिर्फ शैक्षणिक पुस्तकें प्रकाशित होती रही हैं, वे कभी वास्तविकता नहीं बताते हैं, बस नये लेखक को हतोत्साहित कर उनके मनोबल को गिराकर चुपचाप तमाशा देखते रहते हैं। जाहिर सी बात है, शिक्षा का बाजार इतना बड़ा है कि बच्चों को किताबें खरीदनी ही है, तो यहां पर लेखक को रॉयल्टी भी हजारों लाखों में ही मिलेगी।

वहीं, यह भी ध्यान देने वाली बात है कि कई बार ऐसे लेखक भी भ्रम फैलाते हैं जो साहित्य की दुनिया में वरिष्ठ होते हैं और उनके नाम से ही किताबें बिकती है। जाहिर सी बात है जब लेखक नाम ही उसकी किताबें बिकने के लिए काफी है तो ऐसे लेखक को प्रकाशन के लिए खर्च करने की आवश्यकता ही नहीं है, क्योंकि ऐसे लेखकों को ट्रेडिशनल पब्लिशर खुद आगे आकर प्रकाशन के लिए ऑफर देते हैं। *इस विषय में भी आगे के पन्नों पर विस्तार से चर्चा की गई है।*

इसके अलावा कई बार वरिष्ठ लेखक नये लेखकों का मनोबल इतना गिरा देते हैं कि नये लेखक किताब को प्रकाशित कराने का विचार ही त्याग देते हैं। मैंने देखा है ये लेखक सेल्फ पब्लिशर के विज्ञापन पर भी नये लेखकों को गुमराह करते हुए कहते हैं कि 'ओह यह बेहद दुखद है कि अब प्रकाशक पैसे लेकर किताब प्रकाशित कर रहे हैं, जबकि हमारी पुस्तकें निःशुल्क प्रकाशित हुई हैं।' जबकि वे लोग यह नहीं बताते हैं कि यह सेल्फ पब्लिशर का विज्ञापन है, वहीं, ट्रेडिशनल पब्लिशर अपना विज्ञापन कभी नहीं करते हैं, क्योंकि वे सिर्फ अपनी किताबों को बेचने के लिए ही विज्ञापन करते हैं। *इसके बारे में आगे के पेजों में विस्तार से जानकारी दी गई है।*

ऐसे बहुत से अवांछित कारणों और जानकारी के अभाव के कारण बहुत सारे नये जूनूनी प्रतिभाशाली लेखक अपने मन की न सुनकर लोगों की बातें सुनकर अपनी प्रतिभा और जूनून को जंग लगने के लिए छोड़ देते हैं। या कह सकते हैं कि उनका जूनून ठंडा पड़ जाता है, वे स्वयं को असहाय महसूस करने लगते हैं, उन्हें ऐसा प्रतीत होता है कि उनके अंदर ऐसा कोई गुण नहीं है जिस कारण उन्हें प्रकाशकों के ऑफिस से कोई प्रतिक्रिया नहीं मिल पा रही है या प्रकाशक उन्हें प्रकाशित नहीं करना चाहते हैं। जबकि ऐसे लेखक वास्तविकता को नकारते हुए

अपनी सफलता की राह में स्वयं ही रोड़ा बन रहे होते हैं।

आपको बता दूँ कि वास्तविकता भी यही है कि ट्रेडिशनल पब्लिशर आपकी किताब को बहुत आसानी से प्रकाशित नहीं करते हैं क्योंकि वे हमेशा सुप्रसिद्ध और समाज में अपनी विशिष्ट छवि वाले लेखकों को ही प्रकाशित करते हैं ताकि उन्हें किताबों को बेचने की अधिक संभावनाएं प्राप्त हो सकें।

वहीं, ट्रेडिशनल पब्लिशिंग मॉडल के अलावा सेल्फ पब्लिशिंग मॉडल भी दूसरा सर्वसुलभ विकल्प है, जिसके माध्यम से किताब प्रकाशित कराकर आप सफलता का डंका बजा सकते हैं। जिसके बारे में कई बार लेखक जानते हुए भी अनदेखा कर देते हैं, क्योंकि लेखक जोखिम नहीं लेना चाहते हैं। जिस कारण उनके अंदर काबिलियत होते हुए भी सफलता उनके पास से होकर गुजर जाती है।

मैंने ऐसे कई लेखकों को देखा है जो प्रतिभाशाली हैं और वे अपनी किताब को प्रमोट करने के लिए किसी भी हद तक जा सकते थे, जो उनके लिए किसी वरदान से कम नहीं है। साथ ही उनकी लेखनी में धार है और पाठकों को आकर्षित कर सकती थी, लेकिन दूसरे लागों की सुनासुनी मनोमस्तिष्क में निःशुल्क प्रकाशन की मानसिकता घर करने के कारण वे कभी अपनी किताब को प्रकाशित नहीं करा पाए, जिस कारण उनकी किताब सिर्फ लेखक तक ही सीमित रह जाती है। ऐसे लेखक अक्सर अपने मन की न सुनने के कारण बेस्ट सेलर लेखक बनने से चूक जाते हैं।

सबसे बड़ी बात यह है कि यदि मुझे स्वयं पर विश्वास नहीं है तो भला दूसरा क्यों मुझ पर विश्वास करेगा। अर्थात पहले आपको ही स्वयं जोखिम लेना होगा, तब जाकर आपको नये अवसर प्राप्त होंगें, अन्यथा आपको बैठे-बिठाए कोई

अवसर नहीं मिलने वाला है।

हमेशा अपने मन की सुनें, क्योंकि आपकी सफलता सिर्फ आपकी ही रहेगी या आपके परिवार की रहेगी, बल्कि बात बनाने वाले लोगों की नहीं। बातें बनाने वाले लोग तो आपकी सफलता के बाद आपसे नजदीकियाँ बनाने की कोशिश करेंगें, ताकि आपके सहारे वे लोग भी प्रसिद्धि प्राप्त कर सकें।

सफल लेखक बनने का यह गुरू मंत्र है कि अपने ऊपर ऐसे लोगों की सोच को हावी न होने दें, जो आपको आगे बढ़ने से रोक रही है। हमेशा ऐसे सफल लेखकों या सफल लोगों के संपर्क में रहें या उनसे जुड़ने का प्रयास करें, जिन्होंने अपने खुद के वजूद पर खुद को सफल बनाया है। ताकि आपकी मानसिकता को बल मिल सके और आप बेस्ट सेलर लेखक बनने की राह पर नये आयाम स्थापित कर सकें।

ऐसा नहीं है कि सफलता सिर्फ एक दिन या एक वर्ष या कुछ वर्षों में मिल जाती है, सफलता बार-बार गिरने के बाद प्राप्त होती है, लेकिन यह उल्लेखनीय है कि बार-बार गिरने के बाद मिली सफलता स्थायी होती है। वहीं, दूसरे के सहारे से मिली सफलता क्षणिक होती है, जिसका कोई वजूद नहीं होता है और ऐसी सफलता अस्थायी होती है। निर्णय आपका है आपको क्षणिक सफलता चाहिए या स्थायी सफलता चाहिए।

अगर आप बतौर एक लेखक आज स्वयं पर मेहनत कर रहे हैं और अपने मन की सुन रहे हैं तो आपको सफल लेखकों की गिनती में आने से कोई नहीं रोक सकता है। जो आपको हतोत्साहित कर रहे हैं, वे भी आपकी सफलता का जश्न मनाने के लिए आपके साथ आना चाहेंगें, क्योंकि असफल लोगों से कोई दोस्ती नहीं करता है, यहाँ तक संबंध भी नहीं रखना चाहता है।

याद रखें कि कोई भी बिजनेस हो या सफल लेखक बनने के लिए संघर्ष या अन्य कोई भी ऐसा कार्य, जिससे आपका जीवन बदल सकता है या आपका लाइफस्टाइल बदल सकता है, उसकी राह में हर जगह आपको हतोत्साहित करने के लिए लोग हमेशा तैयार मिलेंगे, क्योंकि यह मेरा स्वयं का भी निजि अनुभव रहा है। हम जब नया कार्य करते हैं या जोखिम लेते हैं तो समाज या परिचितों के अलावा कई बार हमारे परिवार के लोग भी हमें सहयोग नहीं करते हैं। वे हमें हतोत्साहित करते हैं ताकि हम अपने लक्ष्य से भटककर वही जीवन जिएं, जिससे हमारा परिवार चल सके या उनके अनुसार जो वे लोग चाहते हैं। लेकिन सफल होने के लिए हमें हमेशा कुछ खोना होता है। जैसे कि सफल लेखक बनने के लिए आपको लिखने के लिए अपना समय देना होगा और उसके बाद किताब की सफलता के लिए समय, तन, धन और मन सब लगाना होगा।

क्या आपने एक चींटी को ध्यान से देखा है, वह अपने वजन से दस गुना अधिक वजन लेकर चलती है, लेकिन कभी हार नहीं मानती है। इसके अलावा छोटी सी चिड़िया को ही देख लिजिए, क्या चिड़िया अपने घोसलें को एक बार में ही बना पाती है, इसका जवाब है नहीं, क्योंकि चिड़िया एक घोंसला बनाने के लिए तिनका-तिनका लाकर इक्टठा करती है और चिड़िया को काफी सारे तिनके इक्टठे करने के लिए कई बार चक्कर लगाने पड़ते हैं, तब कहीं जाकर कई दिनों की मेहनत के बाद उसका घोंसला बनकर तैयार होता है।

क्या हम इन छोटे प्राणियों से नहीं सीख सकते हैं कि सफलता एक बार में नहीं मिलती है या सफल होने के लिए लगातार प्रयास करना जरूरी है। आप किसी भी सफल लेखक या बिजनेसमैन की बायोग्राफी पढ़ लिजिए, ये सब कई बार गिरे,

लेकिन गिरने के बाद भी हार नहीं मानी और आज सफलता उनके कदमों में है।

लेखक या कवि बनना बहुत आसान है, लेकिन सफल लेखक बनने के लिए जूनून और लगातार प्रयास की आवश्यकता होती है, जिसके लिए बहुत कम लेखक ही प्रयास करते हैं और वे सफल हो जाते हैं।

अर्थात, आप मान सकते हैं कि सफल लेखक बनने के लिए आपको अपनी सोच को बदलना होगा और अपने मन की सुननी होगी। अगर सिर्फ लेखक ही बनना है तो अमेजन किंडल है, वहाँ पर किताब अपलोड कर दिजिए प्रकाशित हो जाएगी। क्यों अपना समय खराब करके किसी प्रकाशक के कार्यालय में चक्कर काट रहे हैं। अगर हाँ, आपको सफल लेखक बनना है तो तन, मन और धन तीनों को काम पर लगाना होगा। इसके अलावा लोगों की सुनना बंद करना होगा, क्योंकि अगर आप लोगों की सुनेंगे तो आप अंत में भटक कर असफल लेखकों की गिनती में नहीं आ पाओगे, क्योंकि असफल लेखक वे होते हैं, जिन्हें पाठकों ने पढ़ा लेकिन पसंद नहीं किया। जिसके बाद उन्होंने लिखना बंद कर दिया या उन्होंने दूसरी पुस्तक को लिखने के लिए हिम्मत नहीं जुटा पाए। इसलिए असफल लेखक होना भी किसी बड़ी उपलब्धि से कम नहीं है।

आप यह कह सकते हैं कि अपने मन की न सुनने पर आप गुमनाम हो सकते हैं, क्योंकि जब आप लोगों की बातें सुनकर स्वयं सफलता के लिए प्रयास ही नहीं करेंगे तो आपकी किताब को कोई पढ़ भी नहीं पाएगा। अतः असफल होने के डर के बिना प्रयास करें, क्योंकि हर असफलता के पीछे ही सफलता छुपी हुई होती है।

अध्याय - 4

अपनी किताब की सफलता के लिए कुछ नया लिखें

आजकल सोशल मीडिया की सुविधा और फेसबुक, व्हॉट्सएप की बदौलत हर राज्य के प्रत्येक शहर की छोटी बड़ी गली मुहल्ले में नये-नये कवियों एवं साहित्यकारों का आगाज हो रहा है। ध्यान देने वाली सबसे बड़ी बात यह है कि सभी एक ही विधा में पारंगत हैं या उसी विधा में पारंगत होना चाहते हैं और यह

चाहते हैं कि मेरी भी किताब जल्द से जल्द प्रकाशित होकर बेस्ट सेलर बन जाए।

आपको इस बात को अच्छी तरह से समझना होगा कि सब एक ही विधा में एक ही बात को अपने-अपने अंदाज या स्टाइल में लिख रहे हैं तो उसे कौन बार-बार पढ़ना चाहेगा। मेरे ख्याल से आप मेरी यह किताब पढ़ रहे हैं क्योंकि शायद इसका टॉपिक बिल्कुल अलग है। कुमार विश्वास सहित कई वरिष्ठ कवियों की किताबें तो अक्सर सभी पढ़ते हैं। लेकिन यह सच-सच बताईए कि आपने अब तक कितने नये कवियों की प्रकाशित कविताओं की कितनी किताबें खरीदकर पढ़ी हैं।

जहाँ तक मेरा अनुभव है कि आपने मन रखने के लिए अपने मित्रों या रिश्तेदारों की किताबें उनके कहने पर मंगा जरूर ली होगी, लेकिन आपकी कोई रूचि नहीं होगी। कई बार तो आपने उनके सोशल मीडिया पोस्ट को देखकर वाह-वाही जरूर कर दी होगी या अनदेखा कर दिया होगा। मैं आपको गलत नहीं कह रहा हूँ, लेकिन यह कुछ नया नहीं है, क्योंकि लेखक के साथ मित्रता या घनिष्ठता होने के कारण वाह-वाही जरूर करनी पड़ती है। लेकिन ऐसी वाह-वाही के कारण अक्सर नये लेखक या कवि इस गलतफहमी में जरूर पहुंच जाते है कि मेरी किताब आ गई तो बेस्ट सेलर लेखक बनने से कोई नहीं रोक सकता है।

वहीं, कई ऐसे मित्र या परिचित होते हैं जो लेखक को मुंगेरी लाल के हसीन सपने दिखाते हुए कहते हैं कि वाह! भईया जी या दीदी जी, आप तो बहुत सुंदर लिखते हैं, आपसे बेहतर तो कोई लिख ही नहीं सकता है, आप ही अगले बेस्ट सेलर लेखक बन सकते हैं, किताब काहे नहीं प्रकाशित कराते हैं। सबसे पहले पाठक हम ही रहेंगें।

ऐसी कई प्रतिक्रियाओं को पढ़ने के बाद लेखक महोदय, जब जोश में आकर

अपनी किताब को सेल्फ पब्लिश करा लेते हैं तो सलाह देने वाले प्रशंसक दूर-दूर तक हब्बल टेलीस्कोप जैसी पावरफुल दूरबीन से देखने से भी नज़र नहीं आते हैं। इन सबके बाद फिर, अंत में यहीं से सेल्फ पब्लिशर की कमियाँ निकलनी शुरू हो जाती हैं, उसने ऐसा नहीं किया था, उसने यह नहीं किया था और ये सब पैसे कमाने के लिए प्रकाशन खोलकर बैठे हुए हैं। यह बात सौ प्रतिशत सही है कि सेल्फ पब्लिशिंग कंपनियां लाभ कमाने के लिए ही सेल्फ पब्लिशिंग हाउस खोलकर बैठे हुए हैं, जिससे कई लोगों को रोजगार मिल रहा है। *इसके बारे में आगे के पन्नों में विस्तार से चर्चा की गई है।*

मैं नये लेखकों को सलाह देना चाहूंगा कि आप सिर्फ भेड़चाल में पड़कर वह सब न लिखें, जो कि सभी लिख रहे हैं। आप वह लिखिए, जो सबके लिए नया हो, जिसे सब पढ़ना चाहते हों। हमेशा नये विषयों का अध्ययन करें, नये विषयों की किताबों को खरीदें और पढ़ें, नये विषयों पर लिखें और अपने संभावित पाठकों से रूबरू होने का प्रयास करें।

इसके अलावा अपने शहर या मोहल्ले की किताबों की दुकानों पर जाकर नई बेस्ट सेलर किताबों को खरीदें और दुकानदार से पूछें कि लोग क्या पढ़ना पसंद कर रहे हैं या किस विषय की किताबें अधिक खरीदी जा रहीं है।

सिर्फ इतना ही नहीं, अपने मित्रों या सहकर्मियों या अन्य रिश्तेदारों से उनकी रूचियाँ पूछें या जानकारी लें। अपने शहर की किसी भी लाईब्रेरी में जाएं, वहाँ पर सबसे ज्यादा पढ़ी जाने वाली पुस्तकों को पढ़ें और देखें कि उनके लेखकों ने क्या लिखा है। ताकि आपको अपनी भावी किताब के लिए विषय या सूत्र मिल सके।

हमेशा ध्यान रखें कि आप जो लिख रहे हैं, वह सिर्फ एक पाठक वर्ग के लिए

लिखें, जिसे आप पढ़ाना चाहते हैं। जैसे कि चेतन भगत युवा वर्ग के लिए लिखते हैं तो युवा वर्ग उन्हें बहुत पसंद करता है। ऐसे ही अन्य कई लेखक हैं जिनका अपना पाठक वर्ग है, और वे उन्हीं की पसंद के अनुसार लिखते हैं। क्योंकि सफलता का यह भी एक मंत्र है कि हमें अपने लक्ष्य को निर्धारित करना होता है।

आजकल यह ट्रेंड चल रहा है कि एक कविता लिख रहा है तो दूसरा भी कविता ही लिखेगा। सबका प्रयास यह रहता है कि मैं सबसे अच्छी कविता लिखूँ, और सोशल मीडिया पर वाह-वाही की बाढ़ आ जाए। कई बार इस वाह-वाही के फेर में आकर कुछ कवियों द्वारा भी इन कविताओं को सेल्फ पब्लिशिंग करा ली जाती है, लेकिन उसका रिजल्ट वही मिलता है, जिसका उल्लेख मैंने पिछले पन्नों पर किया है। अर्थात, रिजल्ट मिलता है ढाक के दो पात।

हाँ, यदि लिखना आपका शौक है तो इसे बरकरार बनाएं रखें और नये विषयों पर रिसर्च करें, क्योंकि सफलता बार-बार गिरकर या लगातार प्रयास करने पर ही मिलती है। एक बार में सफलता मिल जाए तो दुनियाभर में सफल लोगों की भरमार नहीं हो जाएगी। फिर असफल लोग कहाँ जाएंगें, और सफल लोगों की चर्चा ही क्यों की जाएगी या सफल लोगों को क्यों अपना आदर्श माना जाएगा?

अतः जाहिर सी बात है कि सफलता की सीढ़ी चढ़ने के लिए आपको मेहनत करनी होगी। सिर्फ मेहनत ही नहीं, मार्केट रिसर्च करना होगा और इसके अलावा लगातार पढ़ना भी होगा। यह बात अच्छी तरह से जान लें कि जब तक आप दूसरे लेखकों को नहीं पढ़ेंगें, तब तक आप बेहतर नहीं लिख सकते हैं। इसलिए अधिक पढ़ें और कम लिखें। वही लिखें जो आपको सफलता की ओर ले जा सके। जिस तरह से एक भेड़ के पीछे सारी भेड़ चलती जाती हैं, इस तरह की भेड़चाल में

न पड़ें। कुछ नया सोचें और नया लिखें। आपको सफलता मिलेगी और जरूर मिलेगी, लेकिन हमेशा कुछ नया करने के प्रयास से।

यदि सिर्फ शौक के लिए लिख रहे हैं तो अच्छी बात है, लिखते रहें, लेकिन सफलता के बारे में न सोचें। यदि सफलता के लिए लिख रहे हैं तो सफलता के लिए ही लिखें, क्योंकि शौकिया लिखना और सफल होने के लिए लिखने में बहुत फर्क होता है। मेरी जानकारी में ऐसे कई लेखक हैं जो स्वयं स्वीकार करते हैं कि किताबें बिकें या न बिकें इससे उन्हें कोई फर्क नहीं पड़ता है, इसलिए वे हमेशा सस्ते से सस्ते में किताब प्रकाशित करने का माध्यम तलाश करते हैं, क्योंकि उन्हें सिर्फ शौक पूरा करना है।

जबकि कुछ लेखक ऐसे भी हैं जो सफलता के लिए लिख रहे हैं, लेकिन उनका लिखा हुआ उन्हें सफल नहीं बना सकता है, क्योंकि जो वे लिख रहे हैं, उसे कोई पढ़ना नहीं चाहता है। यह उल्लेखनीय है कि पाठक वह पढ़ना चाहते हैं, जो उनके लिए नया हो। अमीश त्रिपाठी ने भारतीय संस्कृति और पौराणिक कथाओं को नये कलेवर में लिखा, जिसे पाठकों द्वारा हाथो हाथ लिया गया। आज अमीश की किताबें दुनिया भर की कई भाषाओं में प्रकाशित हो चुकीं हैं, जिसके लिए उन्हें लगातार रॉयल्टी मिल रही है।

यह भी उल्लेखनीय है कि अमीश त्रिपाठी की कहानी पर हॉलीवुड फिल्म भी बन चुकी है। 'द इम्मोर्टल्स ऑफ़ मेलुहा', 'द सीक्रेट ऑफ नागाज' और 'द ओथ ऑफ द वायुपुत्राज' के लेखन के कहानी के अधिकार के लिए एक अमेरिकी निर्माता ने बहुत अच्छे सौदे की पेशकश की है।

अमीश को सफलता उनकी मेहनत, लगातार प्रयास और कुछ नया लिखने की

बदौलत ही मिली है। यदि वे मेहनत न करते या पहले प्रयास में असफलता पाने के बाद हार मान लेते तो शायद इतने बड़े ऑफर उन्हें कभी न मिलते। न ही हम या आप उन्हें जान पाते और वे साधारण जीवन जी रहे होते।

अध्याय - 5

ट्रेडिशनल पब्लिशिंग के सपने देखते हुए कहीं बूढ़े न हो जाएं

प्रकाशन उद्योग में अब तक मेरे अनुभव के अनुसार आज के समय में प्रत्येक लेखक या कवि यही चाहता है कि उसकी किताब ट्रेडिशनल मॉडल के अन्तर्गत प्रकाशित होकर ही बेस्ट सेलर बने। जबकि वास्तविकता कह लिजिए या सच्चाई कह लिजिए, वह यह है कि ट्रेडिशनल प्रकाशक हमेशा और हमेशा सिर्फ उन्हीं लेखकों

की पुस्तकें प्रकाशित करते हैं, जो लेखक पहले से ही अपने बलबूते पाठकों के बीच या जनमानस के बीच अपनी अच्छी पहचान स्थापित किए हुए हैं या उनकी वास्तविक फैन फॉलोविंग मिलियनों की गिनती में हो, जिनके नाम पर ही किताबों की प्री-बुकिंग ही हजारों या लाखों की संख्या में हो जाए। ट्रेडिशनल प्रकाशक कभी भी नये लेखक पर दांव नहीं लगाते हैं, वे हमेशा रेसकोर्स में रेस के घोड़े की भाँति पहले से स्थापित लेखक पर ही दांव लगाते हैं।

अब आप ही सोचिए, ट्रेडिशनल प्रकाशक सिर्फ कुछ चुनिंदा सेलिब्रिटी लेखकों को ही क्यों न प्रकाशित करें? सीधी सी बात है कि ट्रेडिशनल प्रकाशक सिर्फ 50-100 प्रतियाँ थोड़े ही प्रिन्ट करता है, वह लाखों की संख्या में प्रतियाँ प्रिन्ट करता है और उन्हें लेखक के नाम को भुनाना होता है।

दूसरी बात प्रकाशक का स्वयं का नाम भी कम मायने नहीं रखता है, क्योंकि प्रकाशन को बुलंदियों तक पहुंचाने के लिए उनकी कई पीढ़ियों का सहयोग और लगातार इन्वेस्टमेंट भी किया जाता है। जिस कारण वे सभी लेखकों को प्रकाशित नहीं करते हैं, ताकि वे अपने व्यापारिक लाभ को भी प्राप्त सकें।

ऐसे में प्रकाशक को इस बात का ध्यान भी रखना होता है कि उसे लेखक को रॉयल्टी भी देना है, किताब का प्रमोशन का खर्च भी निकालना है, अपनी कंपनी के भविष्य के लिए भी बचाना है, अपने स्टॉफ और प्रतिदिन के कार्यालय के खर्च के लिए भी लाभ से बचत भी करनी है। अन्यथा कोई भी ट्रेडिशनल प्रकाशक एक बिजनेस के नजरिये न सोचे तो एक किताब प्रकाशित करने के बाद उसे दिवालिया होना पड़ेगा और प्रकाशन बंद करना होगा, जिससे कई रोजगार बंद हो जाएंगें।

प्रकाशन उद्योग में मैंने अब तक के सफर में कई प्रकाशनों को खुलते और बंद

होते देखा है, जो शुरू हुए लेकिन बंद हो गये, क्योंकि वे लेखकों को समझ नहीं पाए या प्रकाशन उद्योग उनको समझ नहीं आया और लेखकों के अनुसार निःशुल्क प्रकाशन सुविधा उपलब्ध कराने के कारण स्टाफ की सैलरी नहीं दे पाए, ऑफिस का खर्च नहीं निकाल पाए। जिस कारण से उन्होंने प्रकाशन हाउस ही बंद कर दिया। वहीं, कुछ ऐसे प्रकाशक जो समय के साथ टेक्नोलॉजी के अनुसार नहीं ढल पाए, उन्होनें भी दम तोड़ दिया। क्या आप जानते हैं इससे सिर्फ प्रकाशक को ही नुकसान नहीं होता है, इससे उन लेखकों एवं कर्मचारियों को भी नुकसान होता है, जो उनसे जुड़े थे। क्योंकि लेखक की किताब कम से कम ऑनलाइन स्टोर पर उपलब्ध तो रहती, ताकि लेखक की पहचान बनी रहे और बिकने पर कुछ तो रॉयल्टी मिलती। इसके अलावा कर्मचारियों को भी अपनी आजीविका के लिए नये संस्थानों की ओर रुख करना पड़ा। अर्थात, प्रकाशन उद्योग भी एक सर्वमान्य बिजनेस मॉडल है, न कि एक समाजसेवी संगठन। लेकिन यह भी उल्लेखनीय है कि समाजसेवी संगठनों को भी यदि कहीं से भी आर्थिक सहयोग न मिले तो वे भी बंद हो जाएंगें, क्योंकि उनके पास भी इतना धन नहीं होता है कि वे अपने संगठन को लगातार अपने स्वयं के खर्चो से लगातार अस्तित्व बचाए रखें। जबकि प्रकाशकों को कोई बाहरी आर्थिक सहयोग नहीं मिलता है।

अब आते हैं लेखकों पर, वर्तमान में प्रत्येक नया लेखक एक-दो आलेख या कविता या कहानी लिखने के बाद यह चाहता है कि इतना लंबा-चौड़ा इन्वेस्टमेंट ट्रेडिशनल प्रकाशक उसकी किताब पर भी करे, जो कि किसी भी तरह से प्रकाशक की अर्थव्यवस्था के लिए संभव नहीं है और कोई प्रकाशक नहीं करेगा, क्योंकि बिना अर्थव्यवस्था के प्रकाशक को दिवालिया होने से कोई नहीं बचा सकता है।

अगर आप भी ट्रेडिशनल प्रकाशक के द्वारा प्रकाशित होने के सपने को संजोए बैठे हुए हैं तो आपको सफल या बेस्ट सेलर लेखक बनने के सपने को छोड़ देना चाहिए, क्योंकि जो लेखक अपने लिए जोखिम नहीं ले सकता है, उसके लिए स्वयं ईश्वर भी धरती पर आकर कुछ नहीं कर सकता है।

सफल लेखक बनने के लिए लेखक को भी स्वयं धरातल पर कार्य करना जरूरी है, तभी लेखक को सफलता मिल सकती है और सफलता का आनंद लिया जा सकता है। एक सफल लेखक बनने का अर्थ है कि ट्रेडिशनल प्रकाशक स्वयं आपको आपकी नई किताब लिखने के लिए ऑफर दे।

मै अक्सर लेखकों से बात करता हूँ और उन्हें समझने का प्रयास करता हूँ। लेकिन अधिकांश लेखकों की मनोदशा यही रहती है कि उन्हें मेहनत न करनी पड़े और न ही उनका कोई खर्च हो। सिर्फ उनकी किताब प्रकाशित हो जाए। सबसे बड़ी बात है कि जब आपको अच्छी तरह से जानकारी है कि सेल्फ पब्लिशिंग कंपनी किताब प्रकाशित कराने के लिए चार्ज लेती है तो क्यों अपना समय उनके पास जाकर खराब कर रहे हो। फिर भी लेखक लगातार सेल्फ पब्लिशिंग कंपनियों के विज्ञापनों पर स्वयं को रजिस्टर करते हैं और निःशुल्क किताब प्रकाशित करने के लिए अनुरोध करते हैं। जबकि इससे सिर्फ लेखक अपना समय खराब कर रहे हैं, यदि लेखक इस समय को अपनी किताब के कंटेंट और मार्केटिंग पर दे तो शायद उन्हें सफलता मिल सकती है।

पिछले कुछ दिनों पहले की बात है, एक लेखक महोदय का मेरे पास कॉल आता है, वे कहते हैं कि आपको हम पैसा भी दें और अपना कंटेंट भी दें। यह तो एक लेखक के साथ न्याय नहीं है। उन्हें मेरा सीधा सा जवाब था कि हमें न आपका कंटेंट चाहिए

और न ही आपका पैसा चाहिए। यदि आपको लगता है कि आप पैसा देकर किताब प्रकाशित करा सकते हैं तो आपका तहेदिल से स्वागत है, अन्यथा हम आपकी कोई मदद नहीं कर सकते हैं। दूसरी बात यह है कि हम आपके पास ऑफर लेकर नहीं आए हैं, आप स्वयं ही हमारे पास आएं हैं, क्योंकि जरूरत आपको है तो आप स्वयं इसके लिए निर्णय लिजिए। इसके बाद उनका जवाब मिला कि अच्छा आप ऐसा करिए कि हमारी किताब को खरीद लिजिए, हमें रॉयल्टी भी मत दिजिएगा, कॉपीराइट भी आप रख लिजिएगा, हमें एकमुश्त राशि दे दिजिएगा।

मैंने फिर उन्हें जवाब दिया कि महोदय हमारे प्रकाशन हाउस को आपका कंटेंट नहीं चाहिए, क्योंकि हम सेल्फ पब्लिशिंग कंपनी हैं और हम चार्ज लेकर लेखक को पब्लिशिंग सेवाएं देते हैं। आपकी किताब का कॉपीराइट लेकर हम क्या करेंगें, कहाँ पर उसे बेचेंगें, क्योंकि आपको कोई जानता ही नहीं है। अब आप कहेंगें कि आप प्रकाशित करेंगें तो ही लेखक को कोई जान पाएगा। लेकिन आप ही बताएं कि क्यों कोई ऐसे लेखकों को प्रकाशित करे, जिससे प्रकाशक को आर्थिक नुकसान हो और लेखक का अपनी ओर से पुस्तक की पब्लिशिंग खर्च का वहन, मार्केटिंग या प्रचार के लिए कोई प्रयास नहीं करना चाहता है।

यह सिर्फ एक ही लेखक की कहानी नहीं है, ऐसे कई लेखक दिनभर में कॉल करते हैं, ई-मेल करते हैं, अगर सभी को निःशुल्क सेवाएं दी जाए तो मैं दावे के साथ कह सकता हूँ प्रकाशन बंद हो जाएगा, क्योंकि लेखक स्वयं कुछ मेहनत नहीं करेगा तो उसकी किताब की सफलता की कोई गांरटी नहीं है। जो लेखक प्रकाशक के कंधे पर बंदूक रखकर आगे की पारी खेलना चाहते हैं। ऐसे लेखक जीवन में सफल नहीं हो पाते हैं।

अब आप समझ गये होंगें कि किस तरह से अक्सर लेखक सिर्फ प्रकाशित करने के लिए प्रयास करते है, न कि सफल या बेस्ट सेलर लेखक बनने कें लिए। अक्सर लेखक इसी तरह से अपना समय सेल्फ पब्लिशिंग प्रकाशकों के पास जाकर खराब करते हैं, जबकि इससे उन्हें कोई लाभ नहीं मिलता है, क्योंकि सेल्फ पब्लिशिंग कंपनी आपको निःशुल्क प्रकाशन सेवाएं उपलब्ध नहीं कराती है। आपको ट्रेडिशनल प्रकाशक के पास जाकर प्रयास करना चाहिए और उन्हें अपनी किताब की जानकारी देनी चाहिए। साथ ही उन्हें विश्वास दिलाएं कि आपकी किताब बेस्ट सेलर बनेगी। यदि आपको स्वयं अपनी किताब की सफलता पर विश्वास है, तो एक बार प्रयास जरूर करें।

आप स्वयं ही सोचिए, यदि आपका खुद का कोई पाठक वर्ग है या आपकी कोई खुद की ब्रांडिंग है तो कोई भी ट्रेडिशनल प्रकाशक आपको प्रकाशित करने से क्यों मना करेगा। वह तो आपको स्वयं आगे आकर ऑफर देगा। यदि आपको स्वयं भी आकर ऑफर नहीं देता है तो आप भी सीधे उससे संपर्क करेंगें तो वह आपको मना नहीं कर पाएगा, क्योंकि आपने खुद को ब्रांड बनाने के लिए मेहनत की है। आपका अपना पाठक वर्ग है और आपकी अपनी फैन फॉलोविंग है।

हाँ, यदि आपको लगता है कि आप अपनी किताब अपने दमदार व्यक्तित्व से ही बेच पाएंगें या आपकी किताब आपके नाम से ही बिक जाएगी। तब मेरी सलाह यही रहेगी कि आप ट्रेडिशनल प्रकाशक से संपर्क करिए, उन्हें भरोसा दिजिए कि आपकी किताब बिकने के लिए आपका नाम या चेहरा ही काफी है। लेकिन इतने के बाद भी आपकी बात ट्रेडिशनल प्रकाशक से नहीं बनती है तो सेल्फ पब्लिशिंग प्रकाशक से भी संपर्क किया जा सकता है। लिखित में उनके साथ एग्रीमेंट करें कि

आपके नाम पर ही हजार से अधिक प्रतियाँ बिक जाएगी, नहीं बिकने पर उनके समय और किताब की प्रिन्टिंग पर हुए खर्च को आप अपनी ओर से वहन करेंगे। साथ ही रॉयल्टी के प्रतिशत पर भी खुलकर बात करें और रॉयल्टी का प्रतिशत भी लिखित में प्रकाशक से मांगें। लेकिन यह पैतरा मेरे प्रकाशन हाउस पर मत अजमाईएगा, क्योंकि इस मामले में मेरा अनुभव बहुत खराब रहा है, मैंने कई ऐसे लेखकों को निःशुल्क प्रकाशित किया है, जिन्होंने ऐसे ही खोखले दावें किए थे।

वहीं, लेखकों के मनोमस्तिष्क में घर कर चुकी धारणा के अनुसार निःशुल्क के प्रकाशन के अधिकार के अन्तर्गत निःशुल्क प्रकाशन को लेकर भी कई लेखकों द्वारा मुझ पर भी दबाव बनाया गया। शुरूवात में मेरे प्रकाशन हाउस ने कई लेखकों की किताबें निःशुल्क प्रकाशित की, लेकिन मुझे इस दौरान यह अनुभव हुआ कि निःशुल्क प्रकाशन या सुविधा का कोई महत्व नहीं होता है। इसके अलावा मैं ही नहीं, दुनिया का कोई भी व्यक्ति सभी लेखकों या दुनिया की सभी इच्छाओं की पूर्ति अपना सर्वस्व न्यौछावर करके भी नहीं कर सकता है। निःशुल्क प्रकाशन होने के बाद लेखकों का सहयोग न मिल पाने के कारण मेरे प्रकाशन की किताबें न के बराबर ही बिक पाईं और लेखकों ने भी कभी प्रयास नहीं किया। जिस कारण मुझे लगातार आर्थिक नुकसान होता रहा। ऐसी कई समस्याओं के चलते मैं मानसिक तौर भी अस्वस्थ हो गया था। ऐसी खराब परिस्थितियों में मुझे अफसोस होने लगा था कि मैंने अपना कीमती समय और धन गलत बिजनेस मॉडल पर खर्च कर दिया है।

अंत में लगातार आर्थिक नुकसान के चलते मेरे प्रकाशन हाउस को दिवालिया होना पड़ा और लगभग डेढ़ वर्षों तक प्रकाशन हाउस बंद पड़ा रहा। लेकिन किताबों को पढ़ने की आदत के कारण मैं उन दिनों भी मोटिवेशनल किताबों को पढ़ रहा

था, जिससे मुझे दोबारा से नई शुरूवात करने के लिए प्रेरणा मिली। नई शुरूवात करने से पहले मैंने सेल्फ पब्लिशिंग व ट्रेडिशनल पब्लिशिंग मॉडल का बहुत अच्छी तरह से अध्ययन किया, ताकि मैं पहले से अधिक मजबूती से वापसी कर सकूं, क्योंकि दुनिया आपकी असफलता के बाद मजाक बनाती है।

इसके अलावा कई मोटिवेशनल पुस्तकों के लगातार अध्ययन के बाद मुझे यह भी समझ आया कि असफलता के डर से भागने से और अपने व्यवसाय या लक्ष्य की अधूरी जानकारी के अभाव में और दुनिया की बातें सुनकर अपने फैसले बार-बार बदलने से भी सफलता कभी नहीं मिलती है। साथ ही मुझे यह भी समझ आया कि यदि दुनिया में सभी लेखकों के अनुसार कार्य करने के लिए या उन्हें खुश करने के लिए अपना सब कुछ भी दांव पर लगा दिया जाए, यहाँ तक अपने परिवार की आकांक्षाओं को अनदेखा कर दें तो भी लेखकों की आकांक्षाओं को पूरा नहीं किया जा सकता हैं, क्योंकि आप कभी भी दुनिया में सबको साथ खुश नहीं रख सकते हैं। आपके प्रत्येक प्रयास के बाद भी एक न एक कमी जरूर रह जाती है। हाँ, इसके अलावा आपकी और आपके ऑफिस में कार्यरत कर्मचारियों की आजीविका के लिए जो बेहतर है, आप वही करें और वह न करें, जो दुनिया चाहती है। हमेशा अपने कार्य को ईमानदारी से करें और अपने बिजनेस में अपने ग्राहकों के प्रति हमेशा ईमानदार रहें। यह तो था मेरा स्वयं का व्यक्तिगत अनुभव, अब मुख्य विषय पर आते हैं।

यदि आपको लगता है कि आप अपनी किताब को अपने चेहरे या नाम पर बेच नहीं पाएंगें, तो आप ट्रेडिशनली किताब प्रकाशित कराने का विचार त्याग दिजिए या पैसे खर्च कर सेल्फ पब्लिशिंग मॉडल के अन्तर्गत किताब प्रकाशित कराने पर विचार करें। यदि आप वास्तव में सफल लेखक बनना चाहते हैं। यह बात और है

कि यदि आप सशुल्क भी किताब प्रकाशित नहीं कराना चाहते हैं तो किताब को प्रकाशित करने का विचार ही त्याग दिजिए, क्योंकि आपके अंदर सफल लेखक बनने का कोई जूनून नहीं है, क्योंकि आपको सिर्फ किताब प्रकाशित करानी है, न कि सफल होना है।

आपकी जानकारी के लिए बता देना चाहता हूँ कि वर्तमान में ऐसे कई तथाकथित ट्रेडिशनल पब्लिशर भी अपनी सेवाएं दे रहे हैं, जो पचास से लेकर सौ प्रतियाँ प्रिन्ट कर लेखकों को ट्रेडिशनली प्रकाशित होने का अवसर दे रहे हैं, हो सकता है कि ये प्रकाशक आपके सिर्फ प्रकाशित होने के सपने को पूरा कर दें, लेकिन हमेशा यह ध्यान रखें कि सिर्फ इतने भर से सफलता की इबारत नहीं लिखी जा सकती है।

हाँ, यहाँ पर यह भी ध्यान देने वाली बात है कि इस तरह के तथाकथित ट्रेडिशनल प्रकाशक किसी स्थापित ट्रेडिशनल प्रकाशक की तरह लेखक की किताब को बड़े स्तर पर पाठकों के बीच लाने में असमर्थ रहते हैं, क्योंकि बड़े स्तर पर पाठकों के बीच किताबों को पहुँचाने के लिए साधनों की कमी और बड़े स्तर मार्केटिंग रणनीति के साथ ही अपने प्रकाशन हाउस पर इंवेस्टमेंट की क्षमता उनके पास नहीं होती है, साथ ही ऐसे प्रकाशक पांडुलिपि की गुणवत्ता, किताब की मार्केटिंग और ब्रांडिंग पर कुछ काम नहीं करते हैं, वे सिर्फ लेखक की किताब प्रकाशित करते हैं और लेखक के पाठक सर्किल के माध्यम से किताब बेचने का प्रयास करते हैं या ऑनलाइन प्लेटफॉर्म पर उपलब्ध कराकर भूल जाते हैं। अर्थात जिसे जरूरत होगी, या जिसे पढ़ना होगा, वह खरीदकर पढ़ लेगा, क्योंकि कई बार ऐसे तथाकथित ट्रेडिशनल प्रकाशक मात्र बीस प्रतियों से लेकर तीस प्रतियों तक ही प्रिन्ट करते हैं। यदि उन्हें आभास होता है कि प्रतियों की मांग बढ़ रही है तो अधिक प्रतियाँ प्रिन्ट करते हैं,

अन्यथा कुछ समय बाद लेखक की पुस्तकें ऑउट ऑफ स्टॉक दिखने लगती है।

इसके अलावा कई बार इनकी शर्त यह भी होती है कि वे लेखक को सौ प्रतियों की बिक्री होने तक कोई भी रॉयल्टी नहीं देंगें। इसके अलावा यह भी ध्यान देने वाली बात है कि अधिकांश छोटे स्तर पर संचालित ट्रेडिशनल प्रकाशक लेखक को लेखकीय प्रतियाँ खरीदने के लिए बाध्य कर अपनी प्रिन्टिंग कॉस्ट को निकालने का प्रयास करते हैं या ऐसे प्रकाशकों के नियमों में यह शामिल होता है कि लेखक को प्रकाशन से पूर्व या बाद में किताब खरीदना अनिवार्य है। अर्थात तथाकथित ट्रेडिशनल प्रकाशकों के लिए भी प्रिन्टिंग कॉस्ट निकालना पहली प्राथिमकता होती है, क्योंकि इन्हें भी अपने प्रकाशन के अस्तित्व को बचाए रखना है।

अब खुद से सवाल किजिए, क्या आप सफल लेखक बनने के लिए तैयार हैं व किस माध्यम से अपनी किताब को प्रकाशित कराना चाहते हैं और सफल लेखक बनने के प्रयास शुरू कर दें।

अध्याय - 6

खुद को एक प्रभावशाली ब्रांड बनाने के लिए काम करें

आपने अपनी किताब चाहे सेल्फ पब्लिशिंग मॉडल के अन्तर्गत प्रकाशित की हो या ट्रेडिशनल पब्लिशिंग मॉडल के अन्तर्गत प्रकाशित की हो। यदि आपने किताब को अपने स्तर से प्रमोट नहीं किया है तो यह भी संभव है कि आप अपनी किताब की सफलता को लेकर गंभीर नहीं है।

आपने अक्सर नोटिस किया होगा कि कोई भी नई फिल्म लांच होती है तो उसके स्टार अपनी फिल्म को देखने के लिए प्रेरित करते हैं और जगह-जगह जाकर प्रचार करते हैं, ताकि उनकी फिल्म अधिक से अधिक दर्शकों को आकर्षित करे और उनकी फिल्म को अधिक से अधिक प्रॉफिट हो। जबकि कई स्टार को पता होता है कि इसका अधिकांश लाभ उसकी प्रॉडक्शन कंपनी की जेब में जाएगा। लेकिन सब कुछ जाने हुए भी उनका लक्ष्य फिल्म के माध्यम से खुद को प्रमोट व प्रचारित करना होता है, क्योंकि यदि उनकी फिल्म हिट हो जाती है तो उन्हें अन्य फिल्म निर्माताओं से भी काम मिलने की संभावना बहुत अधिक बढ़ जाएगी। यदि फिल्म फ्लॉप हो जाती है तो अन्य फिल्म निर्माता भी उनसे किनारा कर लेंगें और उन्हें अपनी फिल्मों में काम करने का अवसर नहीं देंगें, क्योंकि इस संसार में प्रत्येक व्यक्ति या संस्थान सिर्फ सफल लोगों के साथ काम करना चाहता है।

यही, बात लेखक को भी समझनी होगी कि यदि उसकी पहली किताब सफल हो गई तो आपकी अगली किताब के प्रकाशन के लिए आपको ज्यादा मेहनत नहीं करनी पड़ेगी, क्योंकि अपना पाठक वर्ग बनाने के लिए आप मेहनत कर चुकें हैं। दूसरी बात, आपके बड़े पाठक वर्ग और किताब की सफलता को देखते हुए ट्रेडिशनल प्रकाशक आपको प्रकाशित करने के लिए आगे बढ़ने पर विचार कर सकते हैं।

अब आप कहेंगें कि फिल्म में कलाकार को अच्छा पैसा मिलता है, तो लेखक को क्यों नहीं? लेखक भी मेहनत कर रहा है। मुझे अच्छी तरह से पता है कि अधिकांश लोगों के मन में यही प्रश्न आया होगा, लेकिन मेरे पास इसका भी जवाब है। मुझे बताईए कि क्या बड़ी या छोटे बजट की फिल्मों के कलाकार नये हैं? यह बात सभी दर्शक जानते हैं कि नये कलाकार पर कोई भी फिल्म निर्माता इन्वेस्ट नहीं करना

चाहता है, क्योंकि उन्हें नये कलाकार पर भरोसा नहीं होता है। प्रत्येक फिल्म निर्माता चाहता है कि वह पहले से स्थापित कलाकार पर पैसा इन्वेस्ट करे, क्योंकि उन्हें पता है कि करोड़ो की संख्या में प्रशसंक हैं, जिससे उनकी फिल्म को आर्थिक नुकसान नहीं होगा। यदि वह नये कलाकार पर दांव लगाता है तो उसकी फिल्म की सफलता की संभावना न के बराबर है।

यह भी जगजाहिर है कि कई फिल्म निर्माताओं ने नये कलाकारों को भी अवसर भी दिया है, लेकिन जिन कलाकारों ने स्वयं अपने प्रमोशन पर मेहनत की है, उनकी फिल्में सफल भी हुईं है और उन्हें लगातार काम भी मिलता रहा।

वहीं, कई कलाकारों ने फीस लेकर अपनी फिल्म के प्रमोशन के लिए कोई प्रयास नहीं किया, जिससे उनकी फिल्म असफल रही और उन्हें काम मिलना बंद हो गया। ऐसे कलाकार आज गुमनाम जीवन यापन कर रहे हैं।

बस, यही व्यापारिक रणनीति ट्रेडिशनल प्रकाशक की भी रहती है, वह भी नये लेखक पर अपना इन्वेस्ट नहीं करना चाहता है। जब तक लेखक स्वयं को स्थापित न कर लें, तब तक वे पुराने स्थापित लेखकों पर ही दांव लगाते रहते हैं, क्योंकि वे जानते हैं कि वे अपने इन्वेस्टमेंट को लाभ के साथ वापिस प्राप्त कर लेंगें।

यदि आप वास्तव में लेखक के रूप में अपना करियर बनाना चाहते हैं तो आपको एक जुझारू और मेहनतकश व्यक्ति की तरह काम करना होगा। जिसका ध्यान सिर्फ अपने लक्ष्य पर होता है, जो पैसे पर कम ध्यान देता है और अपने भविष्य पर ध्यान देता है। अपको ऐसे युवा नेता की तरह काम करना होगा, जो अपना आधा जीवन राजनीति के लिए न्यौछावर कर देता है और कई वर्षों की तपस्या के बाद उसे रिजल्ट मिलता है।

कई बार युवा नेता जानते हैं कि यह जरूरी नहीं है कि उन्हें उनकी मेहनत का फल मिलेगा। लेकिन यह सब जानते हुए भी एक नेता अपने राजनीतिक करियर के लिए अपना सब कुछ दांव पर लगा देता है, अपना व्यक्तिगत करियर भी। इतने के बाद भी वह लगातार प्रयास करता रहता है, तब जाकर वह राजनीति में अपना पसंदीदा पद प्राप्त कर ही लेता है। कई बार यह सफलता उम्र के अंतिम पड़ाव में जाकर मिलती है, लेकिन इस पर उन्हें शिकायत नहीं रहती है, क्योंकि उन्हें पता है कि उन्हें अपनी मेहनत और समय का फल मिला है।

अध्याय - 7

अधिक रॉयल्टी चक्कर में अपने कीमती समय को न गवाएं

श्रीमद्भगवत गीता में श्रीकृष्ण जी अर्जुन से कहते हैं कि हे पार्थ तुम कर्म करो, फल देना मेरा काम है। लेकिन इस कथन को दरकिनार करते हुए अधिकांश लेखक सस्ते प्रकाशक की तलाश के साथ ही अधिक रॉयल्टी की ख्वाहिश रखते हैं। जबकि वे सस्ते प्रकाशक के माध्यम से अपनी किताब को सफल बनाने के बारे में विचार

नहीं करते हैं या सस्ते प्रकाशक के माध्यम से वे स्वयं को स्थापित या सिद्ध करने के अवसर को ध्यान में नहीं रखते हैं। सिर्फ उन्हें अधिक लाभ चाहिए होता है।

यह उल्लेखनीय है कि यदि आप अपने आज पर इन्वेस्ट करते हैं तो आपका कल सुनहरा हो सकता है। अर्थात, कहने का तात्पर्य है कि आपको वर्तमान में ही लाभ कमाने के स्थान पर भविष्य में बड़े लाभ को कमाने के लिए ब्लू प्रिन्ट तैयार करना चाहिए। हमेशा ध्यान दें, खुद की दूरदर्शिता की बदौलत ही सफलता तय की जा सकती है या भविष्य को सुरक्षित किया जा सकता है।

मैं अक्सर लेखकों से सुनता हूँ कि मेरी किताब प्रकाशन के लिए तैयार है, लेकिन रॉयल्टी को लेकर बात नहीं बन रही है। मुझे मेरी आशा के अनुरूप रॉयल्टी नहीं मिल पा रही है। सेल्फ पब्लिशिंग कंपनी मुझे मेरी आकांक्षाओं के अनुसार रॉयल्टी एवं सुविधाएं नहीं दे रहा है। जबकि ऐसे लेखक अपनी पुस्तक के प्रकाशन के लिए नाम मात्र के खर्च के साथ बहुत अधिक सुविधाएं और अधिक रॉयल्टी चाहते हैं। जबकि ऐसे लेखक अपने लक्ष्य को निर्धारित नहीं करते हैं। उन्हें सिर्फ सुविधाएं और अधिक रॉयल्टी चाहिए होती है। जिस कारण सफलता उनसे दूर जाती रहती है और अंत में बहुत दूर निकल जाती है।

जबकि यदि लेखक अपना लक्ष्य सिर्फ स्वयं की पहचान स्थापित करने में लगाएं तो भविष्य में उन्हें लाभ के लिए भटकने की आवश्यकता नहीं होगी। मैंने कई ऐसे लेखकों के बारे में पढ़ा है जिन्हें कोई नहीं जानता था, लेकिन उन्होंने अपने लेखन करियर के शुरुवाती दौर में अपनी पहचान स्थापित करने के लिए मेहनत की और अधिक रॉयल्टी के लालच को दरकिनार कर लगातार प्रयास करते रहे। उन्होंने अधिक रॉयल्टी या लाभ को अपना लक्ष्य नहीं बनाया और वे सिर्फ सफलता के

लिए प्रयास करते रहे। उनका लक्ष्य निर्धारित था, भविष्य में अधिक लाभ कमाना, न कि अपने शुरुवाती सफर में लाभ कमाना।

वे लेखक आज किसी भी कार्यक्रम में मंच पर दस मिनट बोलने या किसी भी कार्यक्रम में आने के लिए लाखों रूपये चार्ज करते हैं, क्योंकि उन्होंने खुद की सफलता के लिए मेहनत की है। यह बात भी उल्लेखनीय है कि आयोजक उन्हें लाखों रूपये देकर अपने यहाँ आमंत्रित करने में अपना सम्मान समझते हैं। यह उन लेखकों की स्वयं की मेहनत और कच्चे लालच की ओर न भागने का फल है।

यह बात सत्य है कि यदि हम किसी भी कार्य को शुरू करने से पहले ही बड़े लाभ के बारे में सोचने लगे तो सफलता मिलना असंभव है। रिलायंस जियो का उदाहरण देख लिजिए, यदि वह शुरुवात में निःशुल्क डाटा नहीं देता और शुरुवात से ही अपने लाभ के बारे में सोचने लगता तो शायद आज वह जिस लाभकारी स्थिति में है, वहाँ पर नहीं होता। वह भी अन्य टेलिकॉम कंपनियों की तरह अपनी सेवाएं दे रहा होता और टेलीकॉम मार्केट में कई विकल्प मौजूद होते, जिससे उसके ग्राहकों की संख्या उतनी नहीं होती, जितना कि वर्तमान में है।

रिलायंस जियो ने भविष्य में होने वाले लाभ के बारे में सोचा और शुरुवात में ही लाभ कमाने के लिए कोई प्रयास नहीं किया। जिस कारण वह आज लाभ की स्थिति में है। इसी तरह से कई लेखकों की जीवनियाँ उदाहरण के तौर पर गूगल सर्च में आपको पढ़ने के लिए मिल जाएंगी, जो हमें यह संदेश देते हैं कि सफल होने के लिए हमारा ध्यान लक्ष्य की ओर होना चहिए, न कि लाभ या रिजल्ट की ओर। सफलता के लिए लाभ या रिजल्ट से ध्यान हटाकर हमारा ध्यान सिर्फ और सिर्फ लक्ष्य पर होना चाहिए।

मैं आपको यहाँ पर यही समझाना चाहता हूँ कि यदि आपको अपनी किताब से वास्तव में पैसा कमाना है तो कभी भी अधिक रॉयल्टी के पीछे मत भागिए। बल्कि सफल लेखक बनकर रॉयल्टी को अपनी ओर आकर्षित करने के लिए अपनी खुद की ब्रांडिंग पर कार्य किजिए।

यह बात उल्लेखनीय है कि पैसा चुम्बक की तरह काम करता है, जिसे सफलता ही अपनी ओर आकर्षित कर सकती है। बता दें कि इस कथन को कई विश्वस्तरीय प्रख्यात मोटिवेशनल लेखकों व वक्ताओं ने भी अपनी किताबों में लिखा है। उन्होंने इस बात पर अधिक जोर दिया है कि सफलता लगातार प्रयास करने और लक्ष्य पर ध्यान देने से मिलती है।

मान लिजिए आपने किसी सेल्फ पब्लिशिंग प्रकाशक से अधिक रॉयल्टी पर डील फाइनल कर ली, आप कितनी किताबें बेच पाएंगें, मुश्किल से अधिक से अधिक पचास प्रतियाँ। जबकि यह संख्या भी बहुत ज्यादा है, क्योंकि नये लेखकों को अपनी किताबें बेचने के लिए बहुत परेशानियों का सामना करना पड़ता है। इन पचास प्रतियों से आपने कितना पैसा कमाया, जहाँ तक मेरा अनुभव कहता है कि आपका सेल्फ पब्लिशिंग चार्ज भी वसूल नहीं हो पाएगा। यदि आप सिर्फ किताब प्रकाशित कराकर अपनी किताब की मार्केटिंग पर कार्य करें, तो हो सकता है कि आपकी मेहनत की बदौलत आप हजारों पुस्तकें बेच सकें और सेल्फ पब्लिशिंग चार्ज वसूल होने के साथ ही आपकी नैया ही पार लग जाए। मतलब कि हजारों प्रतियाँ बिक जाएं तो समझिए कि आप सफल लेखकों की सूची में कुछ सीढ़ियाँ चढ़ गये हैं।

यदि आपकी हजारों प्रतियाँ बिक जाएं तो जाहिर सी बात है कि आप किसी भी ट्रेडिशनल प्रकाशक के पास जाकर उसे अपनी नई किताब के प्रकाशन के लिए

प्रपोजल दे सकते हैं। उसे बता सकते हैं कि मेरी हजारों प्रतियाँ बिक चुकीं हैं और मेरा अपना पाठक वर्ग है, इसलिए मुझे मेरे अनुसार रॉयल्टी प्रतिशत चाहिए। जाहिर सी बात है कि सफल लोगों के साथ हर कोई काम करना चाहता है, तो ऐसी स्थिति में हो सकता है कि प्रकाशक आपको प्रकाशित करने पर विचार करे।

यह बात हमेशा ध्यान रखें कि अधिक रॉयल्टी के पीछे भागने से आप सिर्फ चंद किताबें बेचकर चंद पैसा ही कमा पाएंगें, जबकि किताब की सफलता के पीछे भागेंगें तो आपको रॉयल्टी के लिए मशक्कत नहीं करनी पड़ेगी। इसके अलावा ध्यान रखें कि आप सफलता प्राप्त करने के बाद कई माध्यमों से भी पैसा कमा सकते हैं, क्योंकि सफल व्यक्ति के लिए पैसा कमाने के लिए कई रास्ते स्वयं ही खुल जाते हैं, तो कई बार कई बड़े ब्रांड स्वयं उन्हें अपने साथ काम करने के लिए आमंत्रित करते हैं। यह आपको निर्धारित करना है कि वर्तमान में चंद रॉयल्टी आपके लिए मायने रखती है, या भविष्य में सफल होकर अधिक लाभ कमाना आपके लिए अधिक महत्वपूर्ण है।

अध्याय - 8

आत्मविश्वास को बनाए रखें और मनोबल ना गिरने दें

अगर आपको सफल लेखक बनना है तो कभी भी मुश्किलों से सामना करते हुए हार न मानें। निरंतर प्रयास करते रहें, क्योंकि सफलता एक दिन या एक रात में ही नहीं मिल जाती है। सफलता कई वर्षों की मेहनत और धैर्य रखने के बाद प्राप्त होती है, इसलिए हमेशा अपने आत्मविश्वास को बनाए रखे और मनोबल ना गिरने

दें। यह भी ध्यान देने योग्य है कि शार्टकट से प्राप्त सफलता ज्यादा देर नहीं टिकती है, स्थायी सफलता के लिए मेहनत, लगातार प्रयास और लंबा समय सभी बहुत ही महत्वपूर्ण कारक होते हैं।

कई लेखकों के असफल होने का एक मुख्य कारण यह भी होता है कि उनकी लेखन क्षमता में आत्मविश्वास की कमी है। कई लेखक आत्म-संदेह और भय से जूझते रहते हैं, जिस कारण एक लेखक के रूप में सफल होने के लिए आवश्यक जोखिम उठाना उनके लिए चुनौतीपूर्ण हो सकता है। ऐसी स्थिति में लेखक अक्सर लेखक आत्मविश्वास खो बैठते हैं, जिस कारण वे भटक जाते हैं या दूसरों की कमियाँ निकालकर स्वयं को सही सिद्ध करने का प्रयास करते हैं। ऐसी परिस्थतियों में वे सफल नहीं हो पाते हैं।

कई लेखकों के असफल होने का एक अन्य कारण दृढ़ता और धैर्य की कमी है। मैं इस बात को समझ सकता हूँ कि लिखना एक लंबी और कठिन प्रक्रिया हो सकती है, क्योंकि मैंने अपनी किताब को लिखने में एक वर्ष का लंबा समय लिया, लेकिन जब ट्रेडिशनल पब्लिशर से अस्वीकृति का सामना करना पड़ता है, तो उन्हें निराश होना पड़ता है।

इस पर काबू पाने के लिए, आपको लगातार प्रयास करते रहना होगा और स्वयं को याद दिलाना होगा कि एक लेखक के रूप में सफलता के लिए अक्सर समय और धैर्य की आवश्यकता होती है।

इसके अलावा, कई लेखकों के असफल होने का एक अन्य कारण प्रकाशन उद्योग और पाठकों की रुचि के बारे में अल्प ज्ञान भी है। कई लेखक इसलिए भी असफल हो जाते हैं क्योंकि वे प्रकाशन उद्योग के बारे में अधिक नहीं जानते हैं और

कई बार वे पाठकों की रुचि को समझ नहीं पाते हैं, जिनके लिए वे लिख रहे हैं।

कई बार लेखक पाठक वर्ग पर ध्यान दिए बिना ही लिखते रहते हैं और जिस कारण वे सही पाठक वर्ग का चयन नहीं कर पाते हैं। ऐसी स्थिति में वे गलत पाठक वर्ग का चयन कर उन्हें पढ़ाने का असफल प्रयास करते हैं, जिससे उन्हें असफलता ही हाथ लगती है।

कई बार लेखक सीखना नहीं चाहते हैं और कुछ नया भी नहीं करना चाहते हैं, वे जो लिख रहे हैं या जो उन्हें पसंद है, उसे ही सबसे उत्कृष्ट मानकर उसके सहारे ही सफल होना चाहते हैं। जो कि गलत है, एक लेखक को सीखना चाहिए और ऐसा कंटेंट लिखने का प्रयास करना चाहिए, जिसे पाठक पढ़ना चाहते हैं। तभी तो लेखक पाठकों की नजरों में आ पाएगा।

ऐसे भी कई लेखक हैं जो रातोंरात सफलता की उम्मीद करते हैं और चाहते हैं कि कोई प्रकाशक उन्हें प्रकाशित करने का अवसर देकर उन्हें रातोंरात ही बेस्ट सेलर बना दे। जो कि बिना लेखक की मेहनत के संभव ही नहीं, असंभव है।

मैंने अनुभव किया है कि अक्सर लेखक अपने स्तरीय लेखन के भरोसे बहुत ज्यादा रॉयल्टी कमाना चाहते हैं। जबकि वे अपने लेखन या अपने कौशल पर काम नहीं करना चाहते हैं। कई बार उन्हें लगता है कि वे बेहतर हैं, उन्हें सीखने या कौशल को धार लगाने की आवश्यकता नहीं है।

पैसा और प्रसिद्धि कौन पाना नहीं चाहता है, लेकिन कई लेखक पैसे और प्रसिद्धि के लिए लेखक बनने का सपना देखते हैं। लेकिन वे इसे आसानी से हासिल करना चाहते हैं, जो कि उनके लिए संभव नहीं हो पाता है। इसके लिए उन्हें लगातार प्रयास और प्रयास करने की आवश्यकता होती है।

ऐसे कई लेखक होते हैं जो किसी तरह रातों-रात लाखों प्रतियां बेचकर मशहूर लेखक बनना चाहते हैं, जो कि संभव नहीं है, क्योंकि सफलता कई वर्षों की मेहनत और लगातार प्रयासों से प्राप्त होती है।

यह बात हमेशा ध्यान रखें कि सफल लेखक बनने के लिए हमेशा प्रेरणा की भी जरूरत होती है। यदि आप सिर्फ और सिर्फ पैसे के लिए लिख रहे हैं, तो आप अपने लेखन के माध्यम से सफलता प्राप्त नहीं कर पाएंगे, क्योंकि आपका ध्यान सिर्फ पैसे पर केंद्रित है। जिस कारण आप अपने लेखन कौशल की गुणवत्ता में सुधार और लगातार प्रयास करने की राह से भटक जाते हैं।

आप गूगल पर सफल लेखकों को सर्च करिए, आपको ऐसे कई लेखक मिल जाएंगें, जो सिर्फ लिखने के शौक पर अड़े रहे और अपनी इच्छा पूरी करने के लिए लिखते रहे और ऐसे लेखक प्रसिद्ध भी हुए हैं। जो आज अच्छा पैसा भी कमा रहे हैं, क्योंकि उन्होंने सिर्फ लेखन और कौशल पर ध्यान लगाया। यदि वे शुरुवात में ही पैसे अर्थात रॉयल्टी कमाने पर ध्यान लगाते तो शायद वे आज सफल नहीं हो पाते।

असफल लेखक अक्सर लिखते हैं, और कभी-कभी किताब ख़त्म भी कर देते हैं, लेकिन फिर रुक जाते हैं और दोबारा से लिखना या अपनी किताब को संपादन करना पसंद नहीं करते हैं और अपनी किताब को स्वयं सेल्फ पब्लिशिंग के माध्यम से भी प्रकाशित कराने का प्रयास नहीं करते हैं। जिस कारण वे आजीवन असफल ही रह जाते हैं। मैंने अपनी इस किताब को लगभग दस से अधिक बार संपादित किया है और प्रत्येक बार मुझे इसमें गलतियाँ मिली। जिन्हें मैंने ठीक किया और इसके अलावा कुछ नजदीकि लेखकों को भी पढ़ने के लिए पीडीएफ को भेजा।

ऐसे बहुत ही कम सफल लेखक हैं, जिन्होंने सिर्फ एक ही किताब लिखी हो।

सफल लेखक बनने के लिए आपको लगातार लिखते रहना होगा और लगातार किताबें प्रकाशित करते रहना होगा, और इसके अलावा प्रमोशन के लिए लगातार नई युक्तियों पर कार्य करते रहने होगा।

अक्सर कई लेखक सफलता से जुड़े कुछ झूठ को सच मान बैठते हैं, जिनमें से कुछ इस प्रकार हैं–

1. सबसे बड़ा प्रचलित झूठ तो यह है कि किसी भी लेखक की किताब निःशुल्क प्रकाशित होना ही लेखक की सफलता की पहचान है। जो कि अधिकांश लेखकों की मानसिकता है, जिस कारण वे जीवन भर अपनी सफलता के लिए प्रयास ही नहीं कर पाते हैं।

2. प्रकाशकों द्वारा लेखक को निःशुल्क प्रकाशन का अवसर न देकर सफल होने से रोका जा रहा है। यह बात और है कि लेखक ट्रेडिशनल पब्लिशर के अलावा सेल्फ पब्लिशर से भी निःशुल्क सेवाएं चाहते हैं। जो कि बिजनेस मॉडल के अनुसार संभव नहीं है।

3. मै गरीब हूँ या मेरी आर्थिक स्थिति खराब है इसलिए मै सफल नहीं हो सकता हूँ या सफल नहीं हो पाया। जबकि यह बात ध्यान देने योग्य है कि लेखक की ओर से कोई बेहतर प्रयास नहीं किया जाता है।

4. सफल होने के लिए मेरी उम्र अभी बहुत कम या बहुत ज्यादा है। जबकि सफलता के लिए उम्र का कोई बंधन नहीं होता है।

5. मेरी किस्मत ही खराब है या मेरे प्रकाशक (सेल्फ पब्लिशिंग कंपनी) ने मेरी किताब के प्रमोशन और मार्केटिंग के लिए कुछ काम नहीं किया या मेरी किस्मत में बेस्ट सेलर लेखक बनना नहीं है या मेरी किस्तम में लेखक

बनना नहीं लिखा है, इसलिए मुझे लेखन में सफलता नहीं मिल सकी।

सेल्फ पब्लिशिंग एवं ट्रेडिशनल पब्लिशिंग के बारे में आगे के पन्नों में विस्तार से बताया गया है, जिसे ध्यान से पढ़ने की आवश्यकता है।

इसके अलावा, ऐसी अन्य भी बहुत सी बातें हैं, जिनकी वजह से लेखक अपना लक्ष्य निर्धारित करने से डरते या हिम्मत हार जाते हैं, लेकिन यह सब पूर्ण रुप से झूठ है। सच्चाई बस यह है कि आप जो चाहते हैं उसे प्राप्त कर सकते हैं। बस उसे पाने के लिए आपके अंदर जज्बा और कभी हार न मानने का इरादा होना चाहिए। यदि आपके अंदर जज्बा है और जीतने का इरादा है तो आपको सफल लेखक बनने से कोई भी सांसारिक ताकत नहीं रोक सकती है।

कुछ लेखक ऐसे भी हैं जिन्हें उनकी आवश्यकता या बज़ट के अनुसार सेल्फ पब्लिशिंग कंपनी मिल जाती है। लेकिन अब ऐसी परिस्थिति में ऐसे लेखकों की डिमांड बहुत अधिक बढ़ जाती है। जैसे कि उनकी किताब पुस्तक मेले में भी होनी चाहिए, उन्हें रॉयल्टी अधिक मिलनी चाहिए, उनकी किताब ऑफलाइन मार्केट में भी मिलनी चाहिए। जबकि यह ध्यान देने वाली बात है कि यह सभी सुविधाएं सेल्फ पब्लिशर कम से कम लाखों रूपये के बजट में लेखकों को उपलब्ध कराते हैं।

ऐसी कई डिमांड के कारण सेल्फ पब्लिशिंग कंपनी उन्हें चार्जेस बता देती है, और अंत में लेखक प्रकाशन के लिए तैयार नहीं हो पाता है और वह सेल्फ पब्लिशर की कमियाँ निकालना शुरू कर देता है। जबकि ऐसे लेखक अपनी सफलता एवं लक्ष्य के प्रति कभी गंभीर नहीं रहते हैं।

ऐसे लेखक सिर्फ कम शुल्क में बहुत सारी सुविधाओं के साथ सफलता हासिल करना चाहते हैं, क्योंकि ऑफलाइन किताब उपलब्ध रहेगी तो बिकने की संभावना

होगी, पुस्तक मेले में जाएगी तो भी हजारों पाठकों के बीच जाने की संभावना होगी एवं ऐसे कई सारी बातें हैं, जिसकी लेखक कल्पना करते हैं। जबकि वे जोखिम लेने से पीछे हट जाते हैं। हमेशा ध्यान रखें कि जो लेखक जोखिम ले सकता है, वही सफलता को पा सकता है।

यहाँ पर यह गौर करने वाली बात है कि कोई भी सेल्फ पब्लिशर आपको अधिक शुल्क लेकर भी सफलता नहीं दिला सकता है, क्योंकि सफलता के लिए मेहनत आपको ही करनी पड़ेगी। मैंने कुछ ऐसे प्रकाशकों के विज्ञापन देखे हैं जो बेस्ट सेलर लेखक बनाने की गारंटी देते हैं, नही बनने पर पैसा वापस देने की बात कहते हैं, लेकिन यहाँ पर यह ध्यान देने की बात है कि ऐसे प्रकाशकों द्वारा आपको कम से कम लाखों का मार्केटिंग बजट अलग से बताया जाता है। जबकि आपको बता दूँ कि बेस्ट सेलर लेखक न बनने पर पैसा आपको सिर्फ वह वापस मिलता है जो सेल्फ पब्लिशिंग के लिए आपने दिया है। अर्थात सेल्फ पब्लिशिंग पैकेज का शुल्क ही वापस मिलेगा, न कि लाखों के प्रमोशन का शुल्क। इस तरह से बिना मेहनत या ठोस मार्केटिंग योजना के कोई भी सेल्फ पब्लिशर या ट्रेडिशनल पब्लिशर लेखक को कभी भी बेस्ट सेलर लेखक नहीं बना सकता है।

अध्याय - 9

सफल सेल्फ पब्लिश लेखकों की किताबें पढ़ें, उनके अनुभवों से सीखें

हार मानने से सफलता कभी नहीं मिलती है। आप सेल्फ पब्लिश लेखकों से प्रेरणा प्राप्त कर सकते हैं, जिन्होंने कभी भी हार नहीं मानी। इस अध्याय में कुछ प्रमुख और प्रसिद्ध सेल्फ पब्लिश लेखकों के बारे में जानकारी देने का प्रयास किया गया है, जिन्होंने अपनी किताब को सेल्फ पब्लिशिंग के माध्यम से सफलता प्राप्त की

है। मुझे विश्वास है कि आपको इन लेखकों के बारे में पढ़कर प्रेरणा प्राप्त करेंगें।

यदि आपकी पुस्तक ट्रेडिशनल पब्लिशर द्वारा अस्वीकृत कर दी गई है और आप निराश हैं, तो आपको भारत के सबसे अधिक पढ़े जाने वाले लेखकों में से एक अश्विन सांघी की टिप्पणी उनके शब्दों में जरूर पढ़ना चाहिए, 'मैं संभवतः दुनिया में सबसे अधिक अस्वीकृत किए जाने वाला लेखक हूँ। मुझे ट्रेडिशनल प्रकाशन हाउस और साहित्यिक एजेंटों दोनों द्वारा 47 बार अस्वीकार किया गया था।

योर स्टोरी डॉट कॉम वेबसाइट को दिए गए एक साक्षात्कार में अश्विन सांघी ने कहा कि किसी भी लेखक को सफलता रातोंरात नहीं मिलती है और आज के समय में प्रकाशन में धैर्य रखना और प्रौद्योगिकी का लाभ उठाना महत्वपूर्ण है।

योर स्टोरी को दिए गए साक्षात्कार में उन्होंने कहा है कि 'सेल्फ पब्लिशिंग मॉडल 2007 से पहले अस्तित्व में नहीं था। वास्तव में, उन दिनों जो सुविधा अस्तित्व में थी, सिर्फ वैनिटी प्रेस। जिसके माध्यम से आप अपनी पुस्तक की प्रतियां प्रिन्ट करा सकते थे।

सांघी कहते हैं, 'एक सेल्फ पब्लिश लेखक के रूप में मेरे अनुभव ने मुझे किताब की मार्केटिंग व प्रमोशन की बारीकियां सिखाई। जब आप एक सेल्फ पब्लिश लेखक होते हैं, तो आप अपनी किताब के सीईओ, मार्केटिंग डायरेक्टर, उत्पादन प्रभारी और मैनेजर की तरह होते हैं, मतलब कि आप सब कुछ कर रहे होते हैं।'

अमीश त्रिपाठी, वह बैंकर हैं, जिनकी पांडुलिपि को लगभग 20 प्रकाशकों ने अस्वीकार कर दिया था। अमीश त्रिपाठी ने अपनी पांडुलिपि को रिजेक्ट होने के बाद अपनी पहली पुस्तक "द इम्मोर्टल्स ऑफ मेलुहा" को सेल्फ पब्लिश किया था और भारत के सबसे तेजी से बिकने वाले लेखक बन गए हैं। उनकी पुस्तकों की

1.7 मिलियन से अधिक प्रतियां बिक चुकी हैं, जिससे 40 करोड़ रुपये की राशि प्राप्त हुई और उन्हें अपनी अगली श्रृंखला के लिए अभूतपूर्व रूप से 5 करोड़ रुपये की अग्रिम राशि प्राप्त हुई।

बेस्ट सेलिंग लेखिका सावी शर्मा ने एक वेबसाइट फाइनेंसियल एक्सप्रेस डॉट कॉम को एक साक्षात्कार में बताया कि उन्होंने अपनी पहली किताब को सेल्फ पब्लिश किया था। मैंने अपनी किताब को लेकर फेसबुक प्रचार करना शुरू किया। मैंने अपनी किताब से बहुत सारे प्रेरक प्रसंगों को पोस्टर के रूप में सोशल मीडिया पर शेयर किया। ऐसे सोशल मीडिया पोस्ट और विज्ञापन की बदौलत, एक महीने में 5,000 प्रतियां बिक गईं। मेरी किताब की सफलता के बाद मुझे ट्रेडिशनल पब्लिशिंग हाउस से अपनी पुस्तक को उनके साथ पुन : प्रकाशित करने के लिए फोन आने लगे।

सावी शर्मा कहती हैं कि लोग कहते थे कि सेल्फ पब्लिशिंग एक बुरा विकल्प है, क्योंकि आप इसके माध्यम से अधिक किताबें नहीं बेच सकते। यदि आप पूरी प्रक्रिया से गुजरना जानते हैं तो आप अपनी किताब को खुद बेच सकते हैं, आज यह बहुत अच्छा मौका है। लेकिन हां, इसके अलावा आपको कई चीजें सीखने की जरूरत होती है जैसे कि पाठकों से कैसे जुड़ना है आदि। यदि आप इसे प्रभावी ढंग से करते हैं, तो आप सफल हो सकते हैं।

युवा उपन्यासकार दुर्जोय दत्ता इंडिया टुडे को दिए गये एक साक्षात्कार में कहते हैं, 'मैं अभी भी लगातार बहुत कुछ न कुछ पढ़ता रहता हूँ, क्योंकि जब आप पढ़ते हैं, तो आप कहानी लिखने के बारे में लगातार नई चीजें सीख रहे होते हैं, और आप नई चीजें खोज सकते हैं जिन्हें आप अपने लेखन में शामिल करना चाहते हैं। उन्होंने कहा कि प्रत्येक लेखक, चाहे वह स्थापित हो या नहीं, सभी को संघर्षों का सामना

करना पड़ता है।'

इन लेखकों के अलावा आप अन्य प्रसिद्ध सेल्फ लेखकों के बारे में भी पढ़ सकते हैं, जिनमें आशीष बागरेचा, अनुभव अग्रवाल, रूपी कौर, देविका दास, रश्मी त्रिवेदी, अरुण भटनागर, शुभम शुक्ला आदि को पढ़ सकते हैं। ये सभी लेखक सेल्फ पब्लिश लेखक हैं, जिन्हें सफलता उनकी मेहनत और लगातार प्रयासों के बाद मिली है।

आपकी जानकारी के लिए बता दूं कि ये लेखक न केवल अच्छी कहानियों के लेखक हैं बल्कि इन्होंने अनेक कठिनाईयों के बावजूद अपनी किताबें सफलता से सेल्फ पब्लिश की हैं। उनके अनुभवों से आप भी सेल्फ पब्लिशिंग के लिए प्रेरित हो सकते हैं। यदि आप जीवन में एक सफल के रूप में सफल होना चाहते हैं तो आपके लिए सेल्फ पब्लिश कर चुके लेखकों के अनुभवों से सीखना और प्रेरणा प्राप्त करना एक अच्छा विकल्प हो सकता है। भारत में भी कई सेल्फ पब्लिश लेखक हैं, जिन्होंने अपनी किताबों को सेल्फ पब्लिश किया और सफलता प्राप्त की।

सुप्रसिद्ध सेल्फ पब्लिश लेखक पाठकों की रुचि के अनुसार किताबें लिखते हैं और प्रमोट करने में खुद को समर्पित कर देते है। वहीं, कई बार ये सुप्रसिद्ध लेखक कठिनाईयों का सामना करते हुए धैर्य के साथ संघर्ष के मार्ग पर आगे बढ़ते रहते हैं। ऐसे लेखक अपने लक्ष्य को प्राप्त करने के लिए प्रयासों को जारी रखते हैं और हौसले को बुलंद रखने के लिए मोटिवेशनल पुस्तकें पढ़ते हैं।

इसके अलावा, सेल्फ पब्लिश लेखक को अपने पाठकों के साथ सीधे संपर्क में रहना चाहिए, जिससे पाठकों की रुचियों को समझने में मदद मिलती है। सफल सेल्फ पब्लिश लेखक हमेशा अपने टारगेट वाले बाजार या पाठक को अच्छी तरह समझते हैं और अपनी किताबें उस बाजार या पाठकों की रुचि को ध्यान में रखते

हुए ही लिखते हैं। यदि आप किसी भी सफल सेल्फ पब्लिश लेखक की जीवनी पढ़ते हैं तो आपको जान पाएंगें कि ऐसे लेखक अपनी किताबों को प्रमोट करने के लिए सक्रिय रूप से काम करते हैं और पिछले अनुभवों से सीखते हुए अगली किताब या प्रमोशन प्लान के लिए नई योजनाएं बनाते हैं।

नोट : इस आलेख में सुप्रसिद्ध सेल्फ पब्लिश लेखकों के बारे में, उनके द्वारा बोले गये कथन एवं उनकी पुस्तकों से संबंधित डाटा विभिन्न वेबसाइटों पर प्रकाशित साक्षात्कार एवं आलेखों से लेकर 'बेस्ट सेलर लेखक कैसे बनें' पुस्तक के लेखक ने अपने शब्दों में लिखा है, इसलिए 'बेस्ट सेलर लेखक कैसे बनें' पुस्तक का लेखक इस आलेख में सुप्रसिद्ध सेल्फ पब्लिश लेखकों से संबंधित किसी भी विवरण और उनकी पुस्तकों की बिक्री के आंकड़ों या वास्तविक आय की सत्यता को प्रमाणित नहीं करता है।

अध्याय - 10

सफल लेखक कभी भी दूसरों की नकल नहीं करते हैं

सफलता पाने के लिए यह भी एक गुरूमंत्र है कि कभी भी दूसर की नकल न करें। हमेशा अपने लेखन को लेकर कुछ नये प्रयोग करें, नया लिखें, ताकि आपकी लेखनी सफलता की धार पकड़ सके।

अगर आप सोचेंगें कि एक लेखक ने ऐसी किताब लिखी थी, जो सफल हो गई

थी। मैं भी उसी पर लिखूँ तो आप गलत हैं। आपको अपने स्तर से कुछ नया लिखने का प्रयास करना चाहिए। आप वह लिखें जो अब तक नहीं लिखा गया है। आप उन विषयों या मुद्दो पर लिख सकते हैं जो आपको रातोंरात वायरल कर सकें।

यह भी ध्यान रखें कि रातोंरात वायरल होने का तात्पर्य यह बिल्कुल भी नहीं है कि आप तुरंत ही बेस्ट सेलर लेखक बन जाएंगे, या पहले दिन से ही लाखों की रॉयल्टी कमा लेंगें। अगर आप बड़े सफल लेखकों की किताबें पढ़ेंगें तो आपको महसूस होगा कि वे कभी भी दूसरे लेखकों की नकल नहीं करते हैं, क्योंकि उनकी खुद की लेखन शैली होती है।

सफल लेखक खुद की कहानियाँ गढ़ते हैं, वे अपनी कहानियों के लिए रिसर्च करते हैं, किताबें पढ़ते हैं, अपनी कहानी के पात्रों को रचते हैं। कई वर्षों का समय देकर अपनी किताब को पूरा करते हैं। यदि आपको भी सफल लेखक बनना है तो अपनी किताब को लिखने के लिए समय दिजिए। जिस विषय पर आप लिख रहे हैं, उस पर रिसर्च करें।

अब आप क्या लिखते हैं या आप क्या लिखना चाहते हैं, यह तो आपसे बेहतर कोई नहीं जान सकता है। यह भी ध्यान देने वाली बात है कि हमेशा अपने पसंदीदा विषय को चयनित करें, लेकिन उसमें कुछ नयापन होना चाहिए। आज का पाठक कुछ नया चाहता है और पाठक नये लेखकों को भी पढ़ना चाहते हैं, बशर्ते कि नये लेखक की किताब में कुछ नया हो।

सफल होने के लिए कभी भी नकल न करें, यदि आप सोचते हैं कि कुमार विश्वास सिर्फ कविताएं लिखते हैं, वे प्रसिद्ध हो गये हैं। मैं भी कविताएं लिखूंगा तो मेरी किताब को भी पाठक पसंद करेंगें। इसका जवाब है बिल्कुल भी नहीं। क्योंकि

कुमार विश्वास पाठकों के बीच एकाएक नहीं छा गये, उन्होंने मंचों पर कविताएं सुनाई, लेकिन युवा वर्ग को ध्यान में रखते हुए। उनकी कविताएं कुछ नयापन लिए हुए थी और जिस तरह से उन्होंने अपनी कविता को प्रस्तुत किया वह प्रत्येक पाठक के जुबां पर छा गया। जैसे कि उनकी कविता है - कोई दिवाना कहता है, तो कोई पागल समझता है।

अगर सफलता की इबारत लिखनी है तो कुछ ऐसा लिख डालो, जो पाठक की जुबां पर छा जाए, या कहें कि पाठक गुनगुनाता रहे या हर जगह जाकर चर्चा करे। क्योंकि चर्चा होगी तो मांग बढ़ेगी और मांग बढ़ेगी तो आपको सफलता मिलेगी। कई लेखक हैं जिन्होंने कई ऐसी किताबें लिखी हैं, जो रातोरात सफल हो गईं थी। जिसके कारण वे लेखक आज सफल लेखक बन गये हैं।

यदि आप भी सोचते हैं कि आप भी उनके द्वारा चयनित विषय पर लिखेंगें तो आपकी भी किताब सफल हो जाएगी, तो आप गलत दिशा में जा रहे हैं। आपको उनके विषय से कुछ हटकर नया लिखना होगा। कहने का तात्पर्य यह है कि दूसरे लेखकों की देखादेखी न लिखें। विचार करें, नई पुरानी किताबों को पढ़ते रहें, ताकि आपको आपकी किताब के लिए नये आईडिया मिल सकें।

अध्याय - 11

अपनी किताब की मार्केटिंग को लेकर प्लानिंग करें

मैंने अक्सर नोटिस किया है कि अधिकांश लेखक सेल्फ पब्लिशिंग कैसे बाद अपनी किताब की मार्केटिंग एवं प्रमोशन को लेकर जागरूक नहीं रहते हैं। जिस कारण उनकी किताब को पाठक नहीं मिल पाते हैं। आपको अपनी किताब की सफलता के लिए मार्केटिंग और प्रमोशन पर भी ध्यान देना होगा, जो आपकी किताब की सफलता

को निर्धारित करेगा। यदि आप इस पक्ष को नजर अंदाज कर देते हैं तो आप अपनी किताब के साथ न्याय नहीं कर रहे हैं। वर्तमान में इन्टरनेट पर कई सोशल मीडिया वेबसाइट मौजूद हैं, जिन पर कोई शुल्क नहीं होता है। इनका लाभ आप अपनी किताब के प्रमोशन के लिए उठा सकते हैं।

ऐसे कई सफल लेखक हैं जिन्होंने अपनी किताब को सोशल मीडिया वेबसाइट के माध्यम से बेस्ट सेलर बनाया है। बेस्ट सेलर लेखक जिनमें आशीष बागरेचा, रूपी कौर और सावी शर्मा सहित कई नामी लेखकों ने इंस्टाग्राम एवं अन्य सोशल मीडिया वेबसाइट के माध्यम से पाठकों को अपनी किताब को पढ़ने के लिए प्रेरित किया। आज सफल लेखकों की गिनती में इन सभी का नाम शामिल है। आप भी इन सफल लेखकों की तरह सोशल मीडिया वेबसाइट को अपनी किताब के प्रमोशन के लिए इस्तेमाल कर सकते हैं, लेकिन आपको भी लगातार ही काम करना होगा। कई बार लेखक कुछ दिन तक पोस्ट करते हैं और उसके बाद उन्हें यह कार्य नीरस लगता है, जिस कारण वे सफलता से वंचित हो जाते हैं।

सोशल मीडिया पर प्रमोशन से पूर्व सबसे पहले आपको अपनी किताब के लिए पाठक वर्ग का चयन करना होगा। अर्थात, आप सर्वप्रथम अपनी किताब के लक्ष्य को स्पष्टीकरण करें और आपको यह निर्धारित करना होगा कि आप अपनी किताब किस पाठक वर्ग के बीच प्रमोट करना चाहते हैं और आपका टारगेट किस उम्र के पाठक रहेंगें।

इसके अलावा आप अपना एक ब्लॉग या वेबसाइट बनाकर उस पर समय-समय अपडेट शेयर कर सकते हैं, क्योंकि पाठकों को समय-समय पर आपकी पोस्ट पढ़ने के लिए मिलेगी तो वे आपके लेखन के प्रसंशक बन सकते हैं। इसके

अलावा अपने पाठकों के रिव्यू को वेबसाइट या ब्लॉग पर उनके फोटो के साथ प्रकाशित कर सकते हैं। इससे आपके पाठक आपके ब्लॉग के लिंक को अपने सर्किल में शेयर करेगा और आपके पाठक बढ़ने की संभावना कई गुना बढ़ सकती है।

सोशल मीडिया के अलावा आप ऑफलाइन भी दोस्तों, परिवार और सहकर्मियों के माध्यम से भी अपनी किताब को प्रचारित कर सकते हैं। इसके अलावा मार्केटिंग व प्रमोशन से संबंधित बेस्ट सेलर किताबों को खरीदें और पढ़ें, क्योंकि बेस्ट सेलर मार्केटिंग किताबें आपको बहुत सारे मार्केटिंग टिप्स सिखाएंगी और आपको कुछ नये प्रयोग करने के लिए भी प्रेरित करेगी। कई बार हम अपने दायरे से बाहर आकर सोच नहीं पाते हैं, ऐसी स्थिति में यदि हम ऐसी किताबें पढ़ें, जिनसे हमें प्रेरणा मिले या कुछ नये प्रयोग करने के लिए प्रेरित हो। गूगल पर किताब की मार्केटिंग या प्रमोशन से संबंधित आलेख और टिप्स को सर्च करें। इसके अलावा प्रमोशन के लिए अन्य कई टूल्स और वेबसाइट इन्टरनेट पर मौजूद हैं, उनका प्रयोग करना सीखें। कई वेबसाइट हैं जो लेखकों के साक्षात्कार, पुस्तक समीक्षाएं प्रकाशित करती हैं, जिससे लेखक को हाईलाइट होने का अवसर मिलता है।

इसके अलावा यदि आपके पास अपनी किताब के प्रमोशन के लिए बजट है तो आप अनुभवी मार्केटिंग एजेंसी की सेवाएं ले सकते हैं। जो आपकी किताब के लिए निर्धारित टारगेट के अनुसार कार्य करेगी। प्रमोशन को लेकर मैं यह कहना चाहूंगा कि आप जितने क्रिएटिव हो सकते हैं, यह आपकी किताब के प्रमोशन के लिए बेहतर विकल्प हो सकता है, क्योंकि जितना आप दिल से खुद की किताब के लिए या खुद के लिए प्रमोशन कर सकते हैं, उतना कोई अन्य नहीं कर सकता है। मैं आपको यही सलाह दूंगा कि आपको अपनी सफलता के लिए मार्केटिंग और प्रमोशन प्लान

जरूर बनाना चाहिए, क्योंकि जो दिखता है वो बिकता है और जो नहीं दिखता है, वह नहीं बिकता है। इसलिए आपका प्रयास यह होना चाहिए कि आप जितना हो सके, अपनी किताब को प्रमोट करें। ताकि आपकी सफलता का मार्ग प्रशस्त हो सके। आगे के अध्यायों में कुछ प्रमोशन टिप्स दिए गये हैं, जो आपके लिए लाभकारी सिद्ध होंगें।

अध्याय - 12

सेल्फ पब्लिशिंग मॉडल और ट्रेडिशनल पब्लिशिंग मॉडल में अंतर

प्रकाशन व्यवसाय में होने के कारण मैं प्रतिदिन कई लेखकों से रूबरू होता हूँ, उनमें से अधिकतर लेखक सिर्फ निःशुल्क पुस्तक प्रकाशन के लिए अनुरोध करते हैं, तो वहीं कुछ इस बात पर एतराज उठाते हैं कि प्रकाशक भुगतान लेकर किताब के प्रकाशन कार्य क्यों कर रहे हैं?

जैसा कि मैने पिछले पन्नों पर बताया है कि लेखकों के बीच यह भ्रांति है कि लेखक का अधिकार है कि उसकी किताब निःशुल्क प्रकाशित होनी चाहिए। जहाँ तक मैंने इस संबंध में कई किताबें पढ़ी और गूगल सर्च से प्राप्त कई वेबसाइट पर आलेखों को पढ़ा। यहां तक मेरी जानकारी में भी लेखकों का यह कोई मूल अधिकार नहीं है, जिसमें लेखक की किताब निःशुल्क प्रकाशित करने का उल्लेख हो, लेकिन आपकी जानकारी के लिए बता दूं कि पुस्तक प्रकाशन मुख्यतयाः दो तरह के मॉडल पर कार्य करता है– ट्रेडिशनल पब्लिशिंग एवं सेल्फ पब्लिशिंग, अर्थात प्रकाशक दो तरह के होते हैं, जिसमें से एक ट्रेडिशनल पब्लिशर और दूसरा सेल्फ पब्लिशर। अगर आप लेखक हैं तो आपको दोनों तरह के प्रकाशकों में अंतर जानना जरूरी हैं।

ट्रेडिशनल पब्लिशिंग मॉडल

ट्रेडिशनल प्रकाशक लेखक की किताबें पूर्णतया निःशुल्क प्रकाशित करते हैं, ऐसे प्रकाशकों को ट्रेडिशनल प्रकाशक (Trade or Traditional Publisher) कहा जाता है। लेकिन इसका मतलब यह बिल्कुल नहीं है कि प्रत्येक लेखक की किताबें गारंटीड प्रकाशित की जाती हैं। जी हाँ, आप सही पढ़ रहें हैं, ट्रेडिशनल पब्लिशर अक्सर लेखक की मजबूत प्रोफाइल, कंटेंट और लेखक के खुद का पाठक वर्ग या फॉलोवर्स का अवलोकन करने के बाद ही लेखक की किताब को निःशुल्क (ट्रेडिशनली) प्रकाशित करने का निर्णय लेते हैं।

वहीं, कई बार लेखक की हाई प्रोफाइल के अनुसार रॉयल्टी के रूप में अग्रिम भुगतान भी करते हैं। अगर प्रकाशक को लेखक की प्रोफाइल या फॉलोवर्स या लेखक के कंटेंट में दम नजर नहीं आता है, तो वे बिना कोई कारण बताए लेखक

के प्रपोजल या पांडुलिपी को रिजेक्ट कर देते हैं।

वहीं, यदि आपकी पांडुलिपी को ट्रेडिशनल पब्लिशर द्वारा स्वीकृत कर ली जाती है तो आपकी किताब की प्रकाशन प्रक्रिया से लेकर बाजार तक आने में कम से कम छ: महीने से लेकर कुछ वर्ष तक लग सकता है। किताब प्रकाशित होने के बाद लेखक को वार्षिक आधार पर रॉयल्टी दी जाती है।

यह ध्यान देने वाली बात है कि अक्सर ट्रेडिशनल पब्लिशिंग मॉडल में पुस्तक के कवर से लेकर मार्केटिंग रणनीति इत्यादि सहित सभी महत्ववपूर्ण कार्यों के लिए निर्णय प्रकाशक की टीम लेती है, अर्थात प्रकाशक का निर्णय अंतिम निर्णय होता है, लेखक से कोई सलाह या सुझाव नहीं लिए जाते हैं, अर्थात लेखक सिर्फ अपनी पांडुलिपी को प्रकाशक को सौंपने तक ही सीमित रहता है।

यह भी ध्यान देने योग्य है कि अगर आपकी सोशल प्रोफाइल हाई-फाई है और आपका स्वयं का वास्तविक फैन फॉलोविंग बहुत ज्यादा है या आपका चेहरा ही किताबें बिकने के लिए काफी है, तो ऐसी स्थिति में आपको ट्रेडिशनल प्रकाशक से ही संपर्क करना चाहिए, क्योंकि ऐसे लेखकों को ट्रेडिशनल प्रकाशक ज्यादा महत्व देते हैं। ऐसे लेखकों से प्रकाशक को उम्मीद होती है कि उनकी लागत व खर्च निकल जाएगा और वे मुनाफा भी कमा लेंगे। जाहिर सी बात है कि प्रकाशक मुनाफा कमाएगा तो लेखक की रॉयल्टी भी ठीक-ठाक ही बनेगी।

ट्रेडिशनल पब्लिशिंग मॉडल में यह भी एक सच्चा कड़वा सच है कि ट्रेडिशनल प्रकाशक पहले से ही प्रसिद्ध लेखकों को प्रकाशित करना चाहते हैं, क्योंकि यह उनके लिए लाभ का सौदा होता है। जहां तक नये लेखकों का सवाल है, तो ट्रेडिशनल पब्लिशर जाने-माने नामों को प्रकाशित करना पसंद करते हैं या उन्हें प्राथमिकता

देते हैं, जो पहले ही अपने क्षेत्र में अपनी पहचान बना चुकें हैं। जैसे कि प्रसिद्ध फिल्मी सितारे, टेलीविजन हस्तियां, खिलाड़ी, राजनेता, सोशल मीडिया स्टार, फैशन मॉडल, सेलिब्रिटी और युवा आइकन, क्योंकि किसी सेलिब्रिटी द्वारा लिखी गई पहली किताब की बिक्री की संभावनाएं बहुत ज्यादा होती है। इसलिए यदि आप किसी बड़े ट्रेडिशनल प्रकाशक से अपनी पहली पुस्तक प्रकाशित करवाना चाहते हैं तो आपको पहले किसी क्षेत्र में प्रसिद्ध होना होगा, और फिर ट्रेडिशनल प्रकाशक से संपर्क करें।

ट्रेडिशनल प्रकाशक नये लेखकों में कोई दिलचस्पी नहीं रखते हैं, भले ही नये लेखक का कंटेंट दमदार क्यों न हो, क्योंकि उनकी पहली किताब के प्रचार और डिस्ट्रीब्यूशन में बहुत अधिक खर्च और कड़ी मेहनत शामिल होती है, और किताब भी कुछ सौ प्रतियों से अधिक नहीं बिक पाती है। ऐसी कई बातों को ध्यान में रखते हुए ट्रेडिशनल प्रकाशक ऐसी पुस्तकें प्रकाशित करना चाहते हैं जो न्यूनतम प्रयास से अधिकतम लाभ कमा सकें।

यदि आप नये लेखक हैं और अपनी पहली पुस्तक का कुछ सैंपल पांडुलिपी प्रसिद्ध ट्रेडिशनल प्रकाशकों को भेजते हैं, तो इसकी सौ प्रतिशत संभावना है कि आपको कोई प्रतिक्रिया ही नहीं मिलेगी। हाँ, उनमें से कुछ ट्रेडिशनल प्रकाशक इतने व्यवहारिक जरूर हो सकते हैं कि वे आपकी सैंपल पांडुलिपि को पूर्व निर्धारित रिजेक्शन प्रारूप के साथ वापस लौटा देते हैं, जिसमें साफ साफ शब्दों में लिखा हो सकता है कि आपकी किताब को प्रकाशित करना संभव नहीं है।

कई लेखकों ने अपने अनुभवों में बताया है कि कई बार ट्रेडिशनल प्रकाशकों द्वारा लेखक की पांडुलिपि को बिना पढ़े या खोले ही वापिस कर दिया जाता है।

ट्रेडिशनल पब्लिशिंग के लाभ

ट्रेडिशनल पब्लिशिंग का सबसे बड़ा लाभ यह है कि लेखक को अपनी किताब प्रकाशित करने के लिए एक रूपया भी खर्च करने की आवश्यकता नहीं होती है। लेखक को अपनी पांडुलिपि प्रकाशक को देनी होती है, बाकी का कार्य प्रकाशक की अनुभवी टीम स्वयं करती है। लेखक की किताब का संपादन, लेआउट, प्रूफ रीडिंग, प्रिन्टिंग और मार्केटिंग सब कुछ प्रकाशक की टीम स्वयं करती है।

ट्रेडिशनल पब्लिशिंग बिजनेस मॉडल में अच्छी बात यह होती है कि ट्रेडिशनल पब्लिशर्स के पास विभिन्न बुकस्टोर्स, पुस्तकालयों, ऑनलाइन रिटेलर्स और अन्य बिक्री स्थलों के साथ बड़ा निर्धारित बिक्री नेटवर्क होता है, जिससे लेखक की पुस्तकों का वितरण बड़े स्तर पर होता है।

ट्रेडिशनल पब्लिशर्स का निर्धारित एवं विस्तारित डिस्ट्रीब्यूशन नेटवर्क होने के कारण लेखक की किताब की हजारों से लेकर लाखों प्रतियाँ बिकने की गारंटी रहती है। जिसके चलते लेखक की किताब की सफलता और अधिक रॉयल्टी लाभ प्राप्त होने की बहुत अधिक संभावनाएं होती है। इसके अलावा, ट्रेडिशनल प्रकाशक के पास अनुभवी मार्केटिंग टीम, प्रमोशन टीम के अलावा विस्तारित राष्ट्रीय और अन्तरराष्ट्रीय डिस्ट्रीब्यूशन नेटवर्क होने के कारण किताब की सफलता में सोने पर सुहागा हो जाता है।

यदि आपकी किताब ट्रेडिशनल प्रकाशक के माध्यम से प्रकाशित होती है तो आपको अन्य प्रकाशकों से किताब प्रकाशन के लिए ऑफर प्राप्त होने की संभावनाएं काफी बढ़ जाती है, क्योंकि आपकी किताबें और आपका नाम मार्केट में अपना वर्चस्व जमा चुका होता है।

ट्रेडिशनल पब्लिशिंग के नुकसान

कई ट्रेडिशनल प्रकाशक लेखक से सीधे पांडुलिपी स्वीकार नहीं करते हैं, क्योंकि वे सुनिश्चित साहित्यिक एजेंटों के माध्यम से ही पांडुलिपी स्वीकार करते हैं, जिस कारण नये लेखक को साहित्यिक एजेंटों को भुगतान करना पड़ता है। जबकि यह ध्यान देने योग्य है कि साहित्यिक एजेंटों को भुगतान करने के बाद आपकी किताब गांरटीड ही प्रकाशित होगी, लेकिन हाँ, किताब प्रकाशित होने की संभावना अधिक होती है, क्योंकि साहित्यिक एजेंट आपकी पांडुलिपी का अवलोकन करने के बाद ही आगे बढ़ता है। साहित्यिक एजेंट प्रणाली भारत में अधिक लोकप्रिय नहीं है, लेकिन इनकी तरह ही भूमिका कई बार भारत में वरिष्ठ लेखक निभाते हैं, जिनका कार्य नये लेखकों और ट्रेडिशनल प्रकाशक के बीच सेतू का कार्य करना होता है।

कई बार ऐसे वरिष्ठ लेखक लेखन क्षेत्र में आ रहे नये लेखकों के मनोबल को तोड़ते हुए उन्हें प्रोत्साहित नहीं करते हैं। वहीं, कई बार ऐसे साहित्यिक एजेंट लेखक लेखकों से भुगतान लेकर उन्हें गुमराह करते हैं कि उनकी पांडुलिपी रिजेक्ट हो गई है। जिस कारण लेखकों को आर्थिक नुकसान होता है और उनका मनोबल भी गिरता है। इसके अलावा मुझे कई लेखकों ने बताया कि उनकी पांडुलिपी को तथाकथित साहित्यिक एजेंट द्वारा अपने नाम से प्रकाशित करा लिया गया और कुछ पांडुलिपी को किसी अन्य के नाम से प्रकाशित कर दिया गया है। जो कि किसी भी लेखक के लिए बहुत दु:खद घटना है।

मैं लेखकों को यह सलाह दूंगा कि ट्रेडिशनल पब्लिशर से हमेशा सीधे ही संपर्क करें, किसी भी साहित्यिक एजेंट के माध्यम से प्रकाशक से संपर्क न करें। ताकि आपकी पांडुलिपी और आपकी मेहनत का दुरूपयोग न हो सके।

ट्रेडिशनल पब्लिशिंग में यह भी एक गलत पक्ष है कि जब लेखक अनुबंध पर हस्ताक्षर करता है और प्रकाशक को पांडुलिपि सौंप देता है, तो पुस्तक के संपादन, प्रूफ-रीडिंग और डिजाइनिंग की पूरी प्रक्रिया में उसकी भागीदारी न के बराबर रहती है। ट्रेडिशनल पब्लिशिंग में लेखक को अपनी पुस्तक के अधिकतम बिक्री मूल्य के निर्धारण का भी अधिकार नहीं होता है।

लेखक की पांडुलिपी में ट्रेडिशनल प्रकाशक द्वारा किसी भी तरह का संशोधन या बदलाव किया जा सकता है, जिसे लेखक को स्वीकार करना होता है। यदि लेखक अपनी पांडुलिपी में बदलाव को स्वीकार नहीं करता है, उसकी पांडुलिपी रिजेक्ट होने की संभावना 99.99% तक होती है।

इसके अलावा ट्रेडिशनल पब्लिशिंग में सभी वार्तालाप ईमेल द्वारा ही किए जाते हैं, फोन कॉल पर आपसे कभी भी वार्तालाप नहीं किया जाता है। न ही आप बार-बार फोन करके अपनी किताब के प्रोग्रेस रिपोर्ट जान सकते हैं, क्योंकि आपकी किताब के प्रकाशन प्रोग्रेस के बारे में आपको कोई अपडेट नहीं दिया जाता है। आपकी किताब प्रकाशित होने के बाद ही आपको अपडेट दिया जाता है।

अधिकांश ट्रेडिशनल प्रकाशकों के अनुबंध में सारे नियम एवं शर्तें प्रकाशक के पक्ष में ही होती है, और अक्सर नये लेखक पुस्तक प्रकाशन अनुबंधों के बारे में बिना किसी अधिक जानकारी के या बिना सोचे समझे ही उन पर हस्ताक्षर कर देते हैं, क्योंकि उन्हें ट्रेडिशनल पब्लिशर से किताब प्रकाशित का सुवअसर मिल रहा है, जो उनके लिए किसी सपने से कम नहीं है। ट्रेडिशनल प्रकाशकों के अनुबंध में अक्सर किताब छापने और वितरित करने का विशेष अधिकार होता है, और वह भी हमेशा के लिए। जब आप अपनी किताब के प्रकाशन के लिए एक अनुबंध पर हस्ताक्षर कर

देते हैं, तो आपकी किताब अनिवार्य रूप से प्रकाशक की हो जाती है, और किताब के कॉपीराइट जीवनकाल के लिए प्रकाशक की हो सकती है, जो लेखक के पूर्ण जीवन और जीवनकाल के 60 साल बाद तक होता है।

यह सचमुच बहुत बड़ा और निराशाजनक बिंदु है। अर्थात, यदि लेखक अपने ट्रेडिशनल प्रकाशक की सेवाओं से संतुष्ट नहीं है, तो वह अपनी पुस्तक किसी अन्य प्रकाशक से किसी भी कीमत पर रिपब्लिश नहीं करा सकता है, यदि वह कराता है तो उसे हर्जाना देना पड़ सकता है। इसके अलावा, कई बार अधिकांश ट्रेडिशनल प्रकाशक नए लेखक को कोई अग्रिम राशि नहीं देते हैं, और अधिकतम बिक्री मूल्य का केवल 7% से 15% हिस्सा देते हैं।

वहीं, अधिकांश ट्रेडिशनल प्रकाशक अधिकतम 10% तक रॉयल्टी देते है। यदि नये लेखक की किताब को कोई ट्रेडिशनल प्रकाशक पहली बार प्रकाशित करने के लिए सहमत हो जाती है, तो भी किताब को बाजार में आने में बहुत लंबा समय लग जाता है, कम से कम छः महीने या सालों तक का समय लग जाता है।

बड़े ट्रेडिशनल प्रकाशक द्वारा पुस्तक प्रकाशन के हर चरण, जैसे प्रूफ-रीडिंग, संपादन, इंटीरियर डिजाइनिंग और कवर डिजाइनिंग को पूरा करने में महीनों लग जाते हैं, यदि एक लेखक के पास धैर्य नहीं है तो ऐसे लेखकों के लिए उनकी कार्य प्रणाली बेहद निराशाजनक हो सकती है।

सेल्फ पब्लिशिंग मॉडल

सेल्फ पब्लिशिंग प्रकाशक लेखक से भुगतान लेकर लेखक को प्रकाशन सेवाएं प्रदान करते हैं, इस तरह के प्रकाशकों को सेल्फ पब्लिशर (Self Publisher) कहा जाता है। अक्सर सेल्फ पब्लिशिंग मॉडल में लेखक की पुस्तक 15 दिन से

लेकर महीना भर में प्रकाशित हो जाती है। अक्सर सेल्फ पब्लिशिंग में कोई भी प्रकाशक लेखक की पांडुलिपी को कभी रिजेक्ट नहीं करता है, क्योंकि यह लेखक का अधिकार होता है कि वह शुल्क का भुगतान करके अपनी रचनाओं को पुस्तक के रूप में प्रकाशित करा सके। सेल्फ पब्लिशिंग प्रकाशक लेखक की प्रोफाइल, फॉलोवर्स को देखते हुए पुस्तक प्रकाशन नहीं करते हैं, बल्कि वे लेखक के पुस्तक प्रकाशन के सपने को पूरा करने के लिए लेखक की हर संभव सहायता करते हैं, लेकिन सशुल्क।

वहीं, सेल्फ पब्लिशिंग में लेखक के पास पुस्तक से सबंधित सारे अधिकार होते हैं, क्योंकि लेखक अपनी किताब प्रकाशित करने के लिए पैसा खर्च कर रहा है। लेखक किताब के कवर डिजाइन से लेकर मार्केटिंग तक सबके लिए स्वयं निर्णय ले सकते हैं, अर्थात लेखक किसी प्रकाशक के हाथों की कथपुतली मात्र नहीं रहते हैं। इस तरह सेल्फ पब्लिशिंग मॉडल में किताब प्रकाशित कराने में लेखक को रॉयल्टी भी साप्ताहिक, मासिक या त्रैमासिक आधार पर प्राप्त होती है।

सेल्फ पब्लिशिंग के लाभ

सेल्फ पब्लिशिंग में सबसे बड़ा लाभ यह होता है कि यहाँ पर लेखक की प्रसिद्धि या उनके पाठक वर्ग या उसकी प्रोफाइल को ध्यान में रखते हुए लेखक की पांडुलिपी को प्रकाशित करने से रिजेक्ट नहीं किया जाता है। सेल्फ पब्लिशर नये या प्रकाशित सभी लेखकों को सशुल्क प्रकाशन करने के लिए हमेशा तैयार रहते हैं। अर्थात, लेखक को अपनी किताब के प्रकाशन के लिए कभी भी निराशा हाथ नहीं लगती है।

सेल्फ पब्लिशिंग के माध्यम से लेखक की पुस्तक मात्र महीनाभर में ही प्रकाशित हो जाती है। जिस कारण लेखकों को ट्रेडिशनल प्रकाशन की तरह कई वर्षों तक

इंतजार नहीं करना पड़ता है। सेल्फ पब्लिशिंग में लेखक अपनी किताब से संबंधित सभी निर्णय लेने के स्वतंत्र होते हैं। इसका मतलब है कि लेखक अपनी किताब का शीर्षक, डिज़ाइन, मार्केटिंग और बाकी सब कुछ खुद ही तय करने के लिए स्वतंत्र होते हैं। जबकि ट्रेडिशनल पब्लिशिंग में लेखक के पास कुछ अधिकार नहीं होते हैं।

सेल्फ पब्लिशिंग मॉडल के अन्तर्गत लेखक की पुस्तक के सभी कॉपीराइट लेखक के पास ही रहते हैं, जिस कारण यदि लेखक अपने वर्तमान प्रकाशक से संतुष्ट नहीं है तो वह दूसरे प्रकाशक से बिना किसी अनुमति के अपनी किताब प्रकाशित करा सकते हैं। जबकि ट्रेडिशनल पब्लिशिंग में लेखक की किताब के सभी अधिकार प्रकाशक अपने पास रखता है।

सेल्फ पब्लिशिंग में लेखक को रॉयल्टी ट्रेडिशनल पब्लिशिंग से अधिक प्राप्त होती है और रॉयल्टी भुगतान साप्ताहिक से लेकर तिमाही आधार तक होता है। इसके अलावा अपनी किताब की मार्केटिंग से लेकर प्रकाशन की तिथि तक लेखक स्वयं तय कर सकता है। सेल्फ पब्लिशिंग में लेखक अपने लाभ के अनुसार किताब का अधिकतम बिक्री मूल्य (एम.आर.पी.) तय कर सकता हैं।

सेल्फ पब्लिशिंग के नुकसान

सेल्फ पब्लिशिंग मॉडल में सबसे बड़ा नुकसान यह है कि अपनी किताब को प्रकाशित करने के लिए लेखक को प्रकाशन खर्च स्वयं ही उठाना पड़ता है। जो अधिकांश लेखकों को सुविधाजनक नहीं लगता है, जिस कारण अधिकांश लेखक जीवन भर अपनी किताब प्रकाशित नहीं करा पाते हैं। जबकि यह भी उल्लेखनीय है कि ट्रेडिशनल प्रकाशक उनकी किताब को प्रकाशित करने योग्य नहीं समझते हैं। सेल्फ पब्लिशिंग में लेखक को पुस्तक के प्रत्येक कार्य के लिए शुल्क का भुगतान

करना होता है या वे अपने बजट के अनुसार पैकेज ले सकते हैं।

सेल्फ पब्लिशिंग के अन्तर्गत सिर्फ ऑनलाइन डिस्ट्रीब्यूशन नेटवर्क होने के कारण लेखक की किताब को बहुत कम पाठक मिल पाते हैं। जिस कारण लेखक को अपनी किताब के लिए स्वयं ही पाठक ढूढ़ने होते हैं और मार्केटिंग व प्रमोशन भी अपने स्तर से करनी होती है। वहीं, कई सेल्फ पब्लिशिंग प्रकाशक ऑफलाइन डिस्ट्रीब्यूशन की सुविधा भी देते हैं। जिसके लिए लेखक को अतिरिक्त चार्ज का भुगतान करना होता है। लेकिन यह ध्यान में रखने वाला बिंदु है कि ऑफलाइन डिस्ट्रब्यूशन के बाद भी किताब की बिक्री की कोई गारंटी नहीं होती है और साथ ही ऑफलाइन डिस्ट्रीब्यूशन की सुविधा एक निर्धारित समय के लिए होती है, उसके बाद लेखक की किताब ऑफलाइन उपलब्ध नहीं रहती है। निष्कर्ष यह निकलता है कि सेल्फ पब्लिश लेखकों को अपनी पुस्तक की सफलता के लिए जमीनी स्तर पर बहुत अधिक मेहनत करनी होती है।

यह भी एक निराशाजनक प्वाइंट है कि ट्रेडिशनलल मॉडल से प्रकाशित लेखकों द्वारा सेल्फ पब्लिश लेखकों को गुमराह करते हुए कहा जाता है कि सेल्फ पब्लिश लेखकों की कोई मान्यता नहीं होती है। जिस कारण सेल्फ पब्लिश लेखक स्वयं को एक सम्मानित लेखक नहीं मानते हैं और अपनी किताब को ट्रेडिशनली प्रकाशित करने के प्रयास में रहते हैं। जिसमें उन्हें लगातार असफलता मिलने के कारण ऐसे लेखक सेल्फ पब्लिशिंग मॉडल को ही अवैध मानने लगते हैं। जबकि सेल्फ पब्लिशिंग एक लीगल बिजनेस मॉडल है और सेल्फ पब्लिश लेखक भी एक मान्यता प्राप्त लेखक होता है।

उल्लेखनीय है कि सेल्फ पब्लिशिंग सेवाएं उपलब्ध कराने वाले प्रकाशक अपने

प्रकाशन कार्यों के लिए अपने पब्लिशिंग हाउस को भारतीय व्यापार अधिनियमों एवं कंपनी अधिनियमों के तहत पंजीकृत कराता है, जिसके लिए भारत सरकार द्वारा कोई आपत्ति नहीं उठाई जाती है, क्योंकि सेल्फ पब्लिशिंग सेवाएं उपलब्ध कराना कोई अवैध कार्य या अवैध बिजनेस मॉडल नहीं है।

अध्याय - 13

100% रॉयल्टी क्या है और किस प्रकार निर्धारित होती है?

अधिकांश लेखकों में यह आम धारणा है कि लेखक को पुस्तक की अधिकतम बिक्री मूल्य (एम.आर.पी.) पर 100% रॉयल्टी मिलना चाहिए, लेकिन अधिकांश लेखकों की धारणा के अनुसार रॉयल्टी इस प्रकार होती है ; 100% रॉयल्टी = पुस्तक का अधिकतम बिक्री मूल्य (एम.आर.पी.), अर्थात, यदि पुस्तक का अधिकतम बिक्री मूल्य (एम.आर.पी.) 100 रूपये है तो लेखक को 100% रॉयल्टी के रूप में 100 रूपये ही मिलने चाहिए । जबकि रॉयल्टी की यह धारणा बिल्कुल काल्पनिक है ।

आपकी जिज्ञासा का समाधान करते हुए बता देना चाहता हूँ कि दुनिया का कोई

भी प्रकाशक लेखक को इस काल्पनिक धारणा के अनुसार 100% रॉयल्टी नहीं दे सकता है। प्रकाशन उद्योग में कई वर्षों से कार्यरत होने के कारण अब तक मेरा अनुभव रहा है कि अधिकांश लेखक आज भी इस काल्पनिक धारणा को सत्य मानते हैं और ऐसे प्रकाशक की तलाश में लगे रहते हैं, जो उन्हें उनकी काल्पनिक धारणा के अनुसार 100% रॉयल्टी का भुगतान करे। लेकिन यह वास्तविकता है कि ऐसे प्रकाशक उन्हें नहीं मिल पाते हैं, जिस कारण उनकी पुस्तक कई बार लंबे समय तक अप्रकाशित ही रह जाती है।

100% रॉयल्टी को लेकर भ्रम

आमतौर पर नये लेखकों के साथ वरिष्ठ साहित्यिक लेखक भी भ्रम में रहते हैं कि कुछ प्रकाशक 100% रॉयल्टी दे रहे हैं, तो कई प्रकाशक 50% या 70% तक रॉयल्टी देते हैं और वहीं कुछ प्रकाशक अधिकतम बिक्री मूल्य (एम.आर.पी.) पर सिर्फ 10% रॉयल्टी दे रहे हैं। जबकि लेखक यह जानने का प्रयास नहीं करते हैं कि प्रकाशक उन्हें रॉयल्टी का भुगतान अधिकतम बिक्री मूल्य (एम.आर.पी.) पर दे रहा है या कुल लाभ पर दे रहा है, अर्थात प्रकाशक द्वारा लेखक को अधिकतम बिक्री मूल्य (एम.आर.पी) पर 100% या 70% या 50% रॉयल्टी दिया जा रहा है या प्रत्येक किताब की बिक्री से प्राप्त शुद्ध लाभ पर दिया जा रहा है।

रॉयल्टी कैसे निर्धारित होती है

आईए, आपको समझाता हूँ कि 100% रॉयल्टी को कैसे निर्धारित किया जाता है। पुस्तक की अधिकतम बिक्री मूल्य (एम.आर.पी.) से पुस्तक की प्रिन्ट लागत से लेकर डिस्ट्रीब्यूशन तक का खर्च निकालकर जो राशि शेष बचती है, उसे 100% शुद्ध लाभ या 100% रॉयल्टी कहा जाता है। अर्थात, 100% रॉयल्टी = पुस्तक की

अधिकतम बिक्री मूल्य (एम.आर.पी.) – (पुस्तक की प्रिन्ट लागत + डिस्ट्रीब्यूशन चार्जेस + ईकॉमर्स स्टोर की ब्रांडेड पैकेजिंग लागत + टैक्स + ईकामर्स कंपनी की सेलिंग फीस + अतिरिक्त स्थानीय एवं रखरखाव खर्च)। इस तरह से किसी भी सेल्फ पब्लिशर द्वारा बेची गई किसी भी किताब की अधिकतम बिक्री मूल्य (एम.आर.पी.) से उपरोक्त सभी खर्च को घटाकर जो शेष बचता है, उसे 100% शुद्ध लाभ या रॉयल्टी कहा जाता है। यह शेष राशि या रॉयल्टी लेखक को 100% रॉयल्टी के रूप में दी जाती है। अब आप समझ ही गए होंगें कि आपका प्रकाशक आपको 100% या 70% या 50% रॉयल्टी किस तरह से दे रहा है, शुद्ध लाभ या अधिकतम बिक्री मूल्य (एम.आर.पी.) पर निर्धारित रॉयल्टी दे रहा है।

यदि आप अधिकतम बिक्री मूल्य (एम.आर.पी.) पर निर्धारित रॉयल्टी के विकल्प को चुनते हैं तो यह भी आपके लिए फायदे का सौदा हो सकता है, क्योंकि पुस्तक प्रकाशन से संबंधित संसाधनों की कीमतों में उतार-चढ़ाव के कारण 100% रॉयल्टी में आपकी रॉयल्टी कम या ज्यादा हो सकती है, जबकि निर्धारित रॉयल्टी में आपको हमेशा सुनिश्चित रॉयल्टी प्राप्त होगी। पुस्तक प्रकाशन से संबंधित संसाधन अर्थात पेपर का रेट, सेलिंग फीस, पैकेजिंग मैटिरियल सहित अन्य छोटे-छोटे खर्च जो कि समय के साथ बढ़ सकते हैं या कम हो सकते हैं। वैसे यह भी उल्लेखनीय है कि पिछले 4-5 वर्षों में पुस्तकों में इस्तेमाल होने वाले पेपर की कीमत, पैकेजिंग मैटिरियल की कीमत एवं कोरियर चार्जेस लगातार बढ़े हैं। उदाहण के तौर पर आप एक कॉपीयर पेपर को ही ले लिजिए, जो आज से 6 वर्ष पूर्व मात्र 130 रूपये में मिल जाया करता था, जो कि अब 300 रूपये का मिलता है। यही कारण है कि पिछले 4-5 सालों में किताब प्रकाशन की कॉस्ट में काफी बढ़ोत्तरी हुई है, जिस

कारण 100% रॉयल्टी में अब तक सभी प्रकाशकों ने काफी बदलाव किए हैं।

यह भी ध्यान देने योग्य है कि कुछ प्रकाशकों द्वारा रॉयल्टी का भुगतान रॉयल्टी से टैक्स काटकर किया जाता है। वहीं, कुछ प्रकाशक रॉयल्टी को निकालने के लिए चार्जेस भी लगाते हैं। ऐसे ही कई छुपे हुए चार्जेस के कारण लेखक की 100% रॉयल्टी कम होती चली जाती है। अर्थात, यह आप मान सकते हैं कि 100% रॉयल्टी के अन्तर्गत कुछ भी निर्धारित नहीं होता है, जबकि अधिकतम बिक्री मूल्य (एम.आर.पी.) पर सुनिश्चित रॉयल्टी लेखक को प्रकाशक द्वारा निर्धारित रॉयल्टी प्रदान की जाती है, क्योंकि यहाँ पर कोई उतार-चढ़ाव या कोई टैक्स लेखक की रॉयल्टी पर नहीं लगाया जाता है।

वहीं, अक्सर लेखकों की शिकायत रहती हैं कि हमारा प्रकाशक समय पर रॉयल्टी नहीं दे रहा है या रॉयल्टी कम दे रहा है या पुस्तक की बिक्री रिपोर्ट नहीं भेज रहा है। ऐसी स्थिति का सामना न करना पड़े, इसलिए लेखकों को किताब प्रकाशित कराने से पूर्व पब्लिशिंग अनुबंध जरूर पढ़ लेना चाहिए। साथ ही प्रकाशक से कहें कि रॉयल्टी भुगतान की समय सीमा एवं रॉयल्टी साफ-साफ अंकों व शब्दों में अवश्य अंकित करे, ताकि भविष्य में कोई परेशानी न हो। यह भी ध्यान देने वाली बात है कि बिजनेस कोई भी हो या कोई प्रकाशन हाउस, वह पारदर्शिता और बेहतर सेवाओं से ही सफल होता है। न कि खराब सेवाओं और अपारदर्शिता से, बल्कि लापरवाही और अपने ग्राहकों की अपेक्षाओं पर खरा न उतरने पर अक्सर प्रकाशन हाउस बंद हो जाते है।

अधिक रॉयल्टी प्राप्त करने के लिए सुझाव

यह आलेख पढ़ने के बाद भी आपको पुस्तक के बिक्री मूल्य का 100% रॉयल्टी

के रूप में मिलना चाहिए, तो ऐसी स्थिति में लेखकों को मैं सिर्फ एक सलाह दे सकते हैं कि आप अपनी किताब को स्थानीय डीटीपी ऑपरेटर से डिजाइन कराएं, उसके बाद स्थानीय प्रिन्टर से प्रिन्ट कराएं और अपने स्तर से किताब को बेचिए।

अपने स्तर से किताब को बेचने पर अधिकतम बिक्री मूल्य (एम.आर.पी.) पर 100% आपको रॉयल्टी के रूप में आपको ही मिलेगा। बात भी सही है, आपके द्वारा प्रिन्ट कराकर स्वयं बेचने पर बीच में कोई बिचौलिया नहीं होगा, आपका सारा लाभ आपको ही प्राप्त होगा।

अंत में आपको यह भी जरूर जान लेना चाहिए कि यदि प्रकाशक द्वारा लेखक की काल्पनिक धारणा के अनुसार 100% रॉयल्टी दी जाने लगे तो प्रकाशन उद्योग ही बंद होने के कगार पर आ जाएगा और कई प्रकाशन हाउस अपना दम तोड़ देंगें। जिससे कई हजारों की संख्या में रोजगार समाप्त हो जाएंगें, जो कि इन प्रकाशन हाउसों द्वारा उपलब्ध कराएं जा रहे हैं।

अध्याय - 14

प्रकाशन उद्योग को लेकर लेखकों के बीच कुछ गलत धारणाएं

हमारे देश में निःशुल्क सुविधाओं एवं डिस्काउंट या एक के साथ एक फ्री प्रॉडक्ट या सुविधाओं को लेकर अधिक जागरूकता देखी जा सकती है। यही सब कुछ सेल्फ पब्लिशिंग उद्योग में भी लेखक चाहते हैं, जबकि उन्हें पता होता है कि उन्हें सेल्फ पब्लिशिंग के लिए चार्ज देना होगा। इसके बाद भी लेखक निःशुल्क

किताब प्रकाशित कराने के लिए सेल्फ पब्लिशिंग कंपनियों से अनुरोध करते हैं। जबकि ऐसे लेखकों को सेल्फ पब्लिशिंग कंपनियों से निराशा ही हाथ लगती है। यहाँ पर मैं कुछ जानकारी सभी लेखकों के लिए प्रस्तुत कर रहा हूँ, जो आपके लिए लाभकारी सिद्ध होगी। वहीं, इस आलेख में आपके बहुत सारे सवालों के जवाब भी लेखकों को मिल सकेंगें, जो उन्हें कहीं नहीं मिल पाये हैं।

यह सर्वविदित बात है कि एक डॉक्टर अपनी सलाह देने की फीस लेते है, वकील अपनी सलाह के लिए फीस लेते हैं, स्कूल शिक्षण कार्य के लिए शुल्क लेते हैं, नाई बाल काटने के पैसे ले रहा है, रेस्टोरेंट अपनी सेवा के लिए चार्ज ले रहें हैं और अन्य तरह के सभी बिजनेस भी अपनी सेवाओं के लिए चार्ज ले रहें हैं, तो सेल्फ पब्लिशिंग सेवाएं उपलब्ध कराने वाला प्रकाशक अपनी सेवा के लिए शुल्क क्यों न ले? जबकि प्रकाशक लेखक की किताब का डिजाइन बनाता है, किताब की डिजाइन के बाद लेखक से संवाद करता है, किताब के प्रूफ में समय देता है, किताबें प्रिन्ट करता है, स्टॉक खत्म होने पर दोबारा से प्रिन्ट करता है। लेखक की किताबों को पाठकों के लिए ऑनलाइन उपलब्ध कराता है और इसके अलावा लेखक के सहयोग और अपडेट देने के लिए वह एक प्रकाशन सलाहकार टीम उपलब्ध कराता है जो लेखक की सेवा के लिए हमेशा तैयार रहती है।

प्रकाशन के संचालन हेतु फंडिंग

आपने कभी सोचा है कि क्या किताबें निःशुल्क प्रिन्ट होती है? क्या किताबों के लिए कागज निःशुल्क उपलब्ध होता है? क्या प्रकाशक का स्टॉफ बिना सैलरी के अपनी सेवाएं देता हैं? क्या प्रकाशक के ऑफिस में बिजली का बिल नहीं आता है? क्या प्रकाशक का टेलीफोन और ब्रॉडबैंड का बिल भी नहीं आता है? इसके अलावा

एक महीने में किसी भी ऑफिस या संस्थान के संचालन में कितने खर्च होते हैं, इन सब सवालों का जवाब सभी जानते हैं, क्योंकि सेल्फ पब्लिशिंग प्रकाशन भी एक बिजनेस मॉडल है।

वहीं, नि:शुल्क किताब प्रकाशन की वकालत करने वाले लोग बता सकते हैं कि क्या सेल्फ पब्लिशिंग या ट्रेडिशनल प्रकाशक को सरकार से कोई फंडिंग मिलती है, या किसी अन्य स्वयं सेवी संस्था से अनुदान मिलता है या गैर सरकारी आर्थिक सहायता प्राप्त हो रही है, जो प्रकाशक नि:शुल्क प्रकाशन सेवाएं उपलब्ध कराए। मुझे नहीं लगता है कि प्रकाशक होने का यह मतलब होता है कि अपना घर फूंककर तमाशा देखो। सेल्फ पब्लिशर्स अपनी सेवाएं आर्थिक लाभ प्राप्त करने के लिए दे रहे हैं, यदि आपको शुल्क का भुगतान करके सेल्फ पब्लिशिंग नहीं करानी है तो आप ट्रेडिशनल प्रकाशक की ओर रूख कर सकते हैं। यह भी ध्यान देने वाली बात है कि कोई भी सेल्फ पब्लिशर आपको स्वयं आकर आपसे भुगतान देकर किताब प्रकाशित कराने के लिए अनुरोध नहीं करता है।

वहीं, अगर प्रत्येक प्रकाशक हर लेखक के लिए नि:शुल्क प्रकाशन सेवा उपलब्ध कराना शुरू कर दे, तो मेरा स्वयं का अनुमान है कि सेल्फ पब्लिशिंग उद्योग ही खत्म हो जाएगा, क्योंकि किसी भी व्यक्ति को कोई भी सुविधा नि:शुल्क प्राप्त हो जाए तो उसका कोई महत्व नहीं होता है, न ही लेखक नि:शुल्क सेवा या उत्पाद का महत्व समझते हैं।

वहीं, जब सेल्फ पब्लिशिंग उद्योग बंद होने के बाद फिर सिर्फ बड़े प्रकाशकों का दबदबा कायम रहेगा, जो सिर्फ पहले से स्थापित लेखक को ही अवसर प्रदान करेंगें, जो कि कर भी रहे हैं और बाकी जो लेखक सेल्फ पब्लिशिंग कर भी रहें हैं, वे

अपनी किताबें स्थानीय प्रिन्टर से प्रिन्ट कराकर अपने घर की अलमारियों में ही सजाकर रख सकेंगें।

नि:शुल्क प्रकाशन और मेरा अनुभव

मैं अपना अनुभव बताता हूँ, मेरे प्रकाशन हाउस ने अपनी स्थापना की शुरुवात में कुछ लेखकों की किताबें नि:शुल्क प्रकाशित की थी, जिसके फलस्वरूप नि:शुल्क प्रकाशित लेखकों को अपनी छवि बहुत बड़े लेखक वाली दिखने लगी और उन्होंने रॉयल्टी, लेखकीय प्रतियाँ के साथ ही काफी सारी डिमांड करनी शुरू कर दी। उनकी बातों से मुझे लगा शायद उनके नाम पर किताबें काफी बिकेंगी, इसलिए इतनी बड़ी-बड़ी बातें और ज्यादा डिमांड कर रहें हैं।

सबसे बड़ी बात यह है कि उन्होंने आज तक अपनी पुस्तक के बारे में सोशल मीडिया पर शेयर भी नहीं किया, न ही किसी से अपनी किताब के बारे में चर्चा की, क्योंकि उन्हें नि:शुल्क सेवा बिना किसी बड़े प्रयास के प्राप्त हो गई, जिसका कोई महत्व नहीं होता है या समझ लिजिए खैरात में मिल गई। अगर मुझे भी कोई नि:शुल्क सेवा प्रदान करेगा तो मैं भी शायद उसका महत्व न समझ पाउंगा, क्योंकि फ्री की सुविधा का कोई महत्व नहीं होता है। लेकिन यदि मैं भुगतान कर सेवा लेता हूँ तो शायद यह मेरे लिए बहुत ही कीमती होगा। मुझे सशुल्क ली गई सेवा का महत्व बहुत अच्छी तरह से समझ में आएगा।

नि:शुल्क प्रकाशन के वाक्ये से मुझे 'ढाक के दो पात' वाली कहावत सत्यार्थ होती दिखी, उन सम्मानित लेखकों की प्रकाशित पुस्तकों की आज तक मात्र दो से तीन प्रतियाँ बमुश्किल बिक पाई है, लेकिन आपको बता दूं कि मेरे प्रकाशन द्वारा प्रिन्ट की गई पुस्तकों का स्टॉक आज रद्दी हो गया है। मैं यह गांरटी के साथ कह

सकता हूँ कि हम निःशुल्क सेवा ही करते रहते तो शायद हमें हमारा प्रकाशन बंद करना पड़ जाता। मेरी छोड़िए, मैंने अपने प्रकाशन उद्योग के सफर में कई प्रकाशनों को बंद होते देखा है, जिनमें से अधिकांश निःशुल्क प्रकाशन सेवाएं उपलब्ध कराने के कारण बंद हो गए हैं।

मान लिजिए यदि कोई भी ट्रेडिशनल प्रकाशक देश के प्रत्येक लेखक की किताब को निःशुल्क प्रकाशित करने का बीड़ा उठा ले, तब वह प्रकाशक गारंटी के साथ जल्द ही दिवालिया घोषित हो जाएगा, क्योंकि सोशल मीडिया की बदौलत वर्तमान में देश के छोटे से छोटे शहर की हर गली-मौहल्ले में एक साहित्यकार या लेखक जन्म ले चुका है, इनमें से अधिकांश लेखकों की यही चाहत रहती है कि उनकी किताब निःशुल्क ट्रेडिशनल माध्यम से प्रकाशित होनी चाहिए।

यह बात भी 100% सत्य है और मेरा अनुभव भी है कि यदि किसी भी लेखक की किताब निःशुल्क प्रकाशित कर दी जाए, तो वह लेखक अपनी किताब का प्रमोशन अधिकतम सप्ताह भर ही करेगा। उसके बाद वह भूल जाएगा कि उसकी कोई किताब भी प्रकाशित हुई है, क्योंकि इसके बाद लेखक को अपनी किताब को प्रमोट करना बहुत नीरस कार्य महसूस होता है या वह सोचता है कि अब किताब प्रकाशित हो गई है और बिकेगी तो रॉयल्टी मिल ही जाएगी, नहीं बिकेगी तो भी मुझे क्या फर्क पड़ना है, क्योंकि मैंने कुछ खर्च तो किया ही नहीं है। कई बार लेखक को सिर्फ किताब प्रकाशित होने से मतलब होता है, चाहे वह बिके या न बिके, क्योंकि उन्हें सिर्फ प्रकाशित लेखक होने का तमगा चाहिए होता है।

यही कारण है कि ट्रेडिशनल प्रकाशक सिर्फ दूध में से मलाई की तरह सिर्फ उन्हीं लेखकों का चयन करते हैं, जो पहले से ही स्थापित हैं, या उनका नाम किताब

बेचने के लिए काफी है। ताकि उनका प्रकाशन हाउस का भविष्य बना रहे अर्थात प्रकाशन बंद होने की कगार पर न पहुँचे और इसके अलावा प्रकाशन हाउस सहित सप्लाई चैन से जुड़े हजारों लोगों का रोजगार चलता रहे।

एक बिजनेस कब तक नि:शुल्क सेवाएं दे सकता है

आप स्वयं ही सोचिए आप भी नौकरी या बिजनेस कर रहें है, क्या आपने कभी किसी के लिए नि:शुल्क कार्य किया है। यदि आप नौकरी करते हैं तो आपको बिना भुगतान के ओवरटाइम करना बहुत नीरस कार्य लगता होगा, जबकि यदि आप व्यापार कर रहे हैं तो आप किसी भी ग्राहक को बिना लाभ के एक टॉफी भी नहीं दे सकते हैं।

इसी तरह से ट्रेडिशनल प्रकाशक हो या सेल्फ पब्लिशिंग प्रकाशक हो, दोनों बिजनेस मॉडल में प्रकाशकों को भी अपने आर्थिक लाभ के बारे में सोचने का अधिकार है, उन्हें अपने स्टॉफ को सेलरी देनी होती है, बिजली का बिल, इन्टरनेट का बिल और कई खर्च होते हैं। जो अक्सर सभी बिजनेस में होते हैं, इसके साथ ही प्रकाशन व्यवसाय को बनाएं रखने के लिए भी लगातार इन्वेस्टमेंट करना होता है।

इतने सारे खर्चे होने के बाद आप स्वयं सोच सकते हैं कि आप भी कब तक बिना लाभ के किसी के लिए नि:शुल्क कार्य कर सकते हैं। सोचिए यदि आप किसी संस्थान में नौकरी कर रहे हैं, यदि उस संस्थान के पास कमाई का कोई जरिया शेष नहीं रहेगा तो क्या आपको सेलरी या रोजगार मिल सकेगा। इसका जवाब है – नहीं। आपको दूसरी जॉब देखनी पड़ेगी।

वहीं, ट्रेडिशनल प्रकाशक भी नि:शुल्क प्रकाशन से पूर्व सर्वप्रथम अपना लाभ देखता है कि संबंधित लेखक की किताब उसके कंटेंट के दम पर या लेखक की

प्रोफाइल के अनुसार बिकेगी भी या नहीं। उसके बाद ही वह अपना लाखों रुपये का इन्वेस्टमेंट लेखक की किताब पर करता है, क्योंकि ट्रेडिशनल प्रकाशक को भी अपने बिजनेस को बचाए रखने के लिए लगातार इन्वेस्टमेंट करना होता है।

मान लिजिए कि आप बीमार है और डॉक्टर के पास जाकर कहते हैं कि मैं बीमार हूँ और मेरा ईलाज नि:शुल्क किजिए, क्योंकि जीवित रहना मेरा अधिकार है। मुझे बताएं कि क्या डॉक्टर आपका ईलाज नि:शुल्क करेगा? आपने अक्सर देखा होगा कि अस्पताल के कैश काउंटर पर रूपया जमा न कराया जाए, तब तक मरीज को अस्पताल में भर्ती नहीं किया जाता है है। जबकि जीवित रहना तो हम सभी का अधिकार है, लेकिन इसके बाद भी तभी ईलाज की सुविधा मिलती है, जब अस्पताल को उनकी फीस मिल जाती है। तब तक चाहे मरीज की जान ही क्यों न चली जाए।

इसी तरह से शिक्षा के व्यवसाय में भी आप शिक्षण संस्थानों द्वारा निर्धारित फीस जमा करके आते हैं और इसके अलावा ट्यूशन फीस अलग से जमा करते हैं। लेकिन यहाँ पर आपको शिक्षा का अधिकार नहीं दिखेगा, क्योंकि यहाँ पर आप कुछ नहीं कर सकते हैं। आपको देना ही है, अन्यथा आप शिक्षा मत लिजिए। अक्सर अभिभावकों द्वारा स्कूलों की बढ़ती फीस को लेकर धरना प्रदर्शन और विरोध किया जाता है, लेकिन इसके बाद भी कुछ नहीं होता है। स्कूल के संगठनों का कहना होता है कि वे अपने स्टॉफ की सेलरी कहाँ से दें और मंहगाई के दौर में उन्हें स्कूल को चलाने के लिए फंड की आवश्यकता है। जिस कारण फीस को बढ़ाया जा रहा है।

वहीं, डॉक्टरों की फीस किसी जमाने में पचास रूपये हुआ करती थी, लेकिन अब सिर्फ एक विजिट करने के लिए हजार रूपये की रसीद कटवाना जरूरी है। तभी

डॉक्टर से मिल सकते हैं, अन्यथा आपकी स्थिति कितनी भी नाजुक हो, आपको डॉक्टर से मिलने का समय नहीं दिया जाएगा। आपको वापिस कर दिया जाएगा। यह हाल सभी क्षेत्रों में है, जो हमारे लिए जरूरी हैं। सिर्फ स्कूल या डॉक्टर ही नहीं, दैनिक जीवन की प्रत्येक वस्तु या जीवन यापन के लिए जरूरी प्रत्येक सुविधा के लिए निर्धारित भुगतान करना होता है।

अब आप ही कल्पना किजिए, प्रकाशन उद्योग अपने अस्तित्व को बचाए रखने के लिए क्यों न शुल्क ले? क्या प्रकाशन कार्यालयों में कर्मचारियों को जीवन जीने के लिए समय से सेलरी प्राप्त करने का अधिकार नहीं है? बाकी आप खुद ही सोचिए, प्रकाशन उद्योग लेखकों के लिए सही हैं या गलत।

इसके अलावा देश में हजारों गरीब और बेसहारा परिवारों को एक वक्त की रोटी भी बड़ी मुश्किल से मिल पाती है, क्या ऐसे परिवारों को रोटी खाने का अधिकार नहीं है? कुछ लोग अपने ज्ञान का बखान करते हुए कहेंगें कि गरीबों को अपने जीवन को बेहतर बनाने के लिए संघर्ष और मेहनत करनी चाहिए।

मैं यह सवाल पूछना चाहता हूँ कि यदि ऐसे गरीब एवं असहाय परिवारों को संघर्ष व मेहनत करने की सलाह दी जा सकती है तो लेखक निःशुल्क किताब प्रकाशित करके ही क्यों सफलता प्राप्त करना चाहते हैं? लेखक खुद की सफलता के लिए मेहनत क्यों नहीं करना चाहते हैं? लेखक प्रकाशक के भरोसे क्यों सफल होना चाहते हैं? लेखक जोखिम क्यों नहीं लेना चाहते हैं?

मेरे कहने का तात्पर्य सिर्फ इतना है कि चाहे पंसारी की दुकान हो, हलवाई की दुकान हो, या वकालत हो, या चिकित्सा हो, या शिक्षण संस्थान, अन्य कोई भी वैध व्यापार, जिसमें सेल्फ पब्लिशिंग कंपनियां भी शामिल है। इन सबका उद्देश्य अपने

व्यापार को विस्तारित करना और लाभ कमाना है। बिना लाभ के संसार में कोई भी नि:शुल्क सेवाएं नहीं दे सकता है, क्योंकि नि:शुल्क या बिना किसी आर्थिक लाभ के सेवाएं उपलब्ध कराना किसी भी बिजनेस के दिवालिया होने की पहली शर्त है।

इस तरह से आप अपने जीवन से जुड़े प्रत्येक पल के लिए भुगतान करते हैं तो अपनी सफलता के लिए क्यों नहीं भुगतान करना चाहते हैं? किताब तो आपकी ही है, किताब की सफलता भी आपकी ही होगी। आपकी किताब हमेशा ही आपकी ही रहेगी और यह ध्यान दें कि यदि आपकी किताब सफल हो जाती है तो उसका अगला संस्करण आप नये प्रकाशक से अधिक रॉयल्टी के लिए डील करते हुए प्रकाशित कराएंगें, क्योंकि आप सफल हो जाते हैं तो आप नये अवसर की तलाश करते हैं। वहीं, सफल व्यक्ति के लिए हमेशा सभी अपने द्वार खुले रखते हैं, ताकि उनकी सफलता का लाभ दूसरे भी अपने लाभ के लिए उठा सकें।

वहीं, अक्सर कुछ लेखक सोशल मीडिया मंचों पर कहते हैं कि हमें प्रकाशकों के खिलाफ एकजुट होना होगा, तभी हमारी किताबें नि:शुल्क प्रकाशित होगी। ऐसे लेखकों से यह पूछना चाहता हूँ कि क्या प्रकाशक के पास कोई कुबेर का खजाना है? जो वह लेखकों की किताबें नि:शुल्क प्रकाशित करे? ऐसे लेखकों को मैं कहना चाहता हूँ कि शिक्षा और स्वास्थ्य एक ऐसा क्षेत्र है जिसे नि:शुल्क होना चाहिए, इसके लिए आप एकजुट हो सकते हैं, क्योंकि शिक्षा और सेवा के लिए समाज से चंदा या सहयोग लिया जा सकता है। जबकि सभी इन कार्यों के लिए चंदा आगे आकर देगें। ताकि देश के प्रत्येक असहाय व्यक्ति को शिक्षा एवं स्वास्थ्य सुविधाएं प्राप्त हो सके, लेकिन प्रकाशकों को क्या चंदा या सहयोग दिया जा सकता है।

क्या आपने सोचा है कि यदि सभी लेखक एकजुट हो जाएं, लेकिन क्या इससे

प्रकाशक एकजुट लेखकों की किताब को निःशुल्क प्रकाशित करेंगें, इसका जवाब है कि कोई प्रकाशक किताब प्रकाशित नहीं करेगा। यह ध्यान देने योग्य है कि वे एकजुट होने वाले लेखकों की किताबें कभी प्रकाशित नहीं करेंगें, क्योंकि वे सिर्फ सुप्रसिद्ध लेखकों और सेलेब्रिटी, राजनीति के जाने माने चेहरे, सोशल मीडिया स्टार को ही प्रकाशित करेंगें, और यह बात भी अपने मन-मस्तिष्क में बैठा लिजिए कि सुप्रसिद्ध एवं सेलेब्रिटी लेखकों को आपके साथ एकजुट होने में कोई रूचि नहीं होगी, क्योंकि उनकी किताबें बिना किसी धरने या प्रदर्शन या संघर्ष करे बिना ही सरलता से प्रकाशित हो रही है।

यह भी उल्लेखनीय है कि एकजुट होने वाले ऐसे लेखक या सोशल मीडिया पर प्रकाशकों के खिलाफ भड़ास निकालने वाले लेखक वे लेखक होते हैं, जो जोखिम नहीं उठाना चाहते हैं और बिना किसी प्रयास के सफल होना चाहते हैं।

कम या ज्यादा रॉयल्टी का भ्रम

अक्सर लेखक कहते हैं कि प्रकाशक कम रॉयल्टी दे रहें है, ऐसी स्थिति में लेखकों को मैं सिर्फ एक सलाह देता हूँ कि आप किताबें स्थानीय प्रिन्टर से प्रिन्ट कराएं और अपने स्तर से बेचिए, पूरा लाभ आपको ही मिलेगा। बात भी सही है, इसमें कोई बिचौलिया नहीं होगा, लेखक का सारा लाभ लेखक को ही प्राप्त हो जाएगा। यह बात मैं पिछले अध्याय में भी बता चुका हूँ।

अक्सर लेखक कहते हैं कि इतना बड़ा लाभ तो आप अकेले ही ले जा रहें हैं, हमें तो आप बहुत कम रॉयल्टी दे रहें है। आपकी जानकारी के लिए बता देना चाहता हूँ कि प्रिन्ट ऑन डिमांड में प्रत्येक पुस्तक की कॉस्ट ज्यादा आती है।

फिर इतना ही नहीं, अमेजन या फ्लिपकार्ट की ब्रांडेड पैकेजिंग मैटिरियल उनसे

ही अपने खर्च पर खरीदना होता है, साथ ही अमेजन व फ्लिपकार्ट की सेलिंग फीस, प्रिन्टिंग, डिस्ट्रीब्यूशन एवं अन्य सहयोगी पार्टनर का शेयर भी देना होता है। इन सब बातों को ध्यान में रखते हुए अक्सर हमारे प्रकाशन हाउस द्वारा अपने भावी लेखकों की उम्मीद पर खरा न उतरते हुए साफ शब्दों में मना करते हुए कह दिया जाता है कि हम आपकी उम्मीदों पर खरे नहीं उतर पाएंगें, इसलिए हम आपकी किताब प्रकाशित करने में असमर्थ हैं, क्योंकि शुरुवात में बड़े वादे करके बाद में मुकर कर पैसा कमाना हमारे पब्लिकेशन की पॉलिसी में बिल्कुल भी नहीं है, न ही भविष्य में कभी ऐसा किया जाएगा।

इसके अलावा एक लेखक को यह भी जानना चाहिए कि अक्सर कई पाठक अमेजन या फ्लिपकार्ट से किताबें मंगाते हैं और एक दो दिन के बाद कमियाँ बताकर किताबें वापस कर देते हैं, अब इस नुकसान की भरपाई कौन करेगा? जाहिर सी बात है प्रकाशक या उसके प्रिन्टिंग या डिस्ट्रीब्यूशन या अन्य सहयोगी पार्टनर ही नुकसान की भरपाई अपने स्तर से करेंगें, लेखक से तो नहीं भरपाई नहीं मांगी जाती है। जब किताब वापस आती है तो पहले पाठक, फिर कोरियर वाले उसका बुरा हाल कर देते है, यह हमसे बेहतर कौन समझ सकता है।

ऐसे मामलों में अमेजन और फ्लिपकार्ट की ओर से प्रकाशक या सेलर की कोई सुनवाई नहीं होती है, क्योंकि उनके अपने ग्राहक उनके लिए महत्वपूर्ण होते हैं, किताबें बेचने वाले सेलर या पुस्तक के प्रकाशक को नुकसान हो जाए, इससे उन्हें कोई फर्क नहीं पड़ता है।

सस्ते में सेल्फ पब्लिशिंग और लेखक की अपेक्षाएं

यदि लेखक सेल्फ पब्लिशर के माध्यम से पुस्तक प्रकाशन का रास्ता चुनता है

तो अक्सर सभी लेखकों को सबसे सस्ता पैकेज चाहिए होता है। साथ ही ऐसे लेखकों की सुविधाओं की जो डिमांड होती है वह लाखों के खर्च वाली होती है। कई लेखक सस्ते पब्लिशिंग प्लान में पेड प्रमोशन या मार्केटिंग, जिसमें कम से कम तीस से पचास हजार का इन्वेस्टमेंट जरूरी है, जो लेखक नहीं करना चाहते हैं लेकिन प्रकाशक से निःशुल्क चाहते हैं। भई! लेखक को भी कुछ मेहनत करनी पड़ेगी, तभी सफलता मिलेगी। ध्यान रखें कि हाथ पर हाथ रखकर सोचने से आज तक किसी को कोई सफलता नहीं मिली है।

यदि लेखक पैसा खर्च भी करते हैं तो उसके बाद भी रिजल्ट की कोई गारंटी नहीं होती है, क्योंकि विज्ञापन या मार्केटिंग एजेंसी (सर्विस प्रोवाडर) की ओर से किसी भी प्रकार की गारंटी नहीं दी जाती है तो प्रकाशक कहाँ से लेखक को दे सकता हैं। गारंटीड बिक्री के लिए भी कोई भी प्रकाशक या सेलर गांरटी नहीं दे सकता है, क्योंकि पाठक को खरीदने के लिए दबाव तो नहीं बनाया जा सकता हैं, इसके बारे में आगे चर्चा की गई है।

कुछ लेखक पुस्तक के मूल्य पर कम से कम पचास प्रतिशत रॉयल्टी चाहते हैं, जो कि संभव ही नहीं है क्योंकि प्रिन्ट ऑन डिमांड या इंवेंट्री मैनेजमेंट मॉडल में किसी भी प्रकाशक को कई प्रिन्टिंग, डिस्ट्रीब्यूशन एवं अन्य सहयोगी पार्टनर के साथ एक चैन के रूप में काम करना होता है, ताकि लेखक की किताब कभी भी आउट ऑफ स्टॉक न रहे, जिस कारण पुस्तक की कॉस्ट में प्रिन्टिंग एवं सहयोगी पार्टनर भी शेयर शामिल होता है और अधिक लेखकीय प्रतियाँ के अलावा कई ऐसी डिमांड करते हैं, जिसके लिए कॉस्ट बढ़ जाती है, लेकिन लेखक उसके लिए अतिरिक्त कॉस्ट नहीं देना चाहते हैं।

बेस्ट सेलर लेखक बनने की गारंटी, लेकिन कैसे?

अक्सर मैं कई लेखकों से बात करता हूँ तो वे कहते हैं कि आप हमें बेस्ट सेलर लेखक बना सकते हैं तो मैं आज ही आपके पब्लिशिंग प्लान के अनुसार आपको भुगतान करके अपनी पांडुलिपी भेज दूंगा। ऐसे कई लेखकों को मै साफ शब्दों में मना कर देता हूँ कि आपकी किताब हम प्रकाशित नहीं कर पाएंगे, साथ ही बताता हूँ कि हम आपकी किताब का लेआउट बना सकते हैं, एडिटिंग कर सकते हैं, प्रूफ रिडिंग कर सकते हैं, प्रिन्ट कराकर प्रकाशित कर सकते हैं और यह गारंटी दे सकते हैं कि जब तक लेखक अपना सेल्फ पब्लिशिंग अनुबंध हमारे रखते हैं, तब तक लेखक की किताब आउट ऑफ स्टॉक नहीं रहेगी। लेकिन हम आपको झूठी दिलासा बिल्कुल नहीं दे सकते हैं।

आपकी जानकारी के लिए बता दूं कि हमारा प्रकाशन ही नहीं, दुनिया का कोई भी प्रकाशक आपको बेस्ट सेलर लेखक नहीं बना सकता है, जब तक कि आप स्वयं अपनी किताब की सफलता के लिए मेहनत नहीं करते हैं या प्रमोशन या मार्केटिंग रणनीति नहीं बनाते हैं। अन्यथा आपको अपनी किताब की मार्केटिंग के लिए बड़ा बज़ट बनाना होगा, तब आपकी किताब सफल हो सकती है।

अगर आप वास्तव में बेस्ट सेलर लेखक बनना चाहते हैं तो आपको अपनी किताब के प्रमोशन पर स्वयं एक जूनून की तरह कार्य करना होगा, पैसा खर्च करना होगा और अधिकांश समय अपनी किताब की मार्केटिंग के लिए देना होगा। जिस तरह से कोई भी बिजनेसमैन अपने बिजनेस के लिए दिन-रात काम करता है, जैसे एक खिलाड़ी का ध्यान सिर्फ उसके लक्ष्य पर होता है, क्रिकेट में बॉलर का ध्यान विकेट पर, बैटसमैन का ध्यान बॉल पर होता है, उसी तरह से आपका ध्यान बेस्ट

सेलर लेखक बनने पर होना चाहिए। तभी आप बेस्ट सेलर लेखक की श्रेणी में आ सकते हैं और अधिक से अधिक किताबें बेच सकेंगें।

अक्सर कई प्रकाशक इस तरह के विज्ञापन चलाते हैं कि अगले बेस्ट सेलर लेखक बनें। जबकि यह मिथ्या है, ऐसे कैसे आप बेस्ट सेलर लेखक बना देंगे, जब तक किताब ही नहीं बिकेगी। जबकि सत्य इसके विपरित है और यह भी लेखक के मन का एक भ्रम है कि प्रकाशक को विज्ञापन या मार्केटिंग का चार्ज देने के बाद प्रकाशक उसे बेस्ट सेलर लेखक बना देगा।

लेखक ही क्यों, हम भी जब अपने प्रकाशन हाउस का विज्ञापन करते हैं तो हमारे विज्ञापन सर्विस प्रोवाइडर हमें यह गारंटी नहीं देते है कि आपके यहाँ नये लेखक जुड़ेंगें और आपसे किताब प्रकाशित कराएंगें। उसी तरह से प्रकाशक को अगर आप चार्ज दे रहें हैं तो उनकी पॉलिसी में यह जरूर उल्लेखित होता है कि भुगतान के बदले में यह गारंटी नहीं है कि आपको रिजल्ट मिलेगा। इसलिए मेरी सलाह यही है कि बेस्ट सेलर बनने के लिए भ्रम या दिखावे पर न जाएं और जमीनी स्तर पर वास्तविक मेहनत करिए। तभी आप बेस्ट सेलर लेखक बन पाएंगें।

क्या सशुल्क किताब प्रकाशन गैरकानूनी या अवैध है?

हमारे पास अक्सर कई लेखक संपर्क करते हैं और अधिकतर यही पूछते हैं कि आप किताब प्रकाशित करने के लिए पैसे क्यों ले रहे हो? हमारे प्रकाशन की ओर से सीधा साधा सा जवाब होता है कि हमारा प्रकाशन हाउस सेल्फ पब्लिशिंग बिजनेस मॉडल है, हमारी प्रत्येक सेवा के लिए आपको भुगतान करना होगा।

वहीं, कुछ लेखक कहते हैं कि आप लोगों ने किताब प्रकाशन को पैसे कमाने का व्यापार बना लिया है, तो ऐसे लेखकों को मेरा जवाब यही होता है कि हाँ जी,

बिल्कुल! यह एक बिजनेस मॉडल ही है, जो कि सर्वमान्य है और लेखक से पैसे लेकर किताब प्रकाशित करना कोई अवैध कार्य, या गैरकानूनी कार्य, या ब्लैक मार्केट का कार्य, या अवैध बिजनेस मॉडल नहीं है।

यह उल्लेखनीय है कि पूरे विश्व में सेल्फ पब्लिशिंग एक सर्वमान्य बिजनेस मॉडल है। विश्वभर में किसी भी देश की सरकार द्वारा सेल्फ पब्लिशिंग बिजनेस मॉडल को ब्लैक लिस्टेड या अवैध कार्य या गैरकानूनी कार्य की श्रेणी में नहीं रखा गया है।

वहीं, सेल्फ पब्लिशिंग प्रकाशक लेखक को पुस्तक प्रकाशन संबंधित सभी सेवाओं के लिए निर्धारित चार्ज बताकर सेवाएं प्रदान करता है, न कि गैरकानूनी तरीके से या टेबल के नीचे से पैसे लेकर काम करता है। किताब के प्रकाशन का जो भी चार्ज होता है, वह लेखक के सामने होता है। यदि सेवाओं के लिए चार्ज लेखक के बजट में हो तो सेवाएं ले सकते हैं, यदि लेखक हमारी सेवाएं नहीं भी लेते हैं तो हमारे प्रकाशन की ओर से बार-बार आग्रह करके लेखक को परेशान भी नहीं किया जाता है।

किताबें खरीदकर पढ़ें, लेखक को सहयोग करें

अंत में लेखकों और पाठकों को बताना चाहूंगा कि अक्सर कई लेखक कहते हैं कि हमारे रिश्तेदार, मित्रगण निःशुल्क प्रतियाँ मांगते हैं और मैं मना नहीं कर पाता हूँ, जिस कारण प्रकाशन में खर्च तो हुआ ही अब काफी खर्च बांटने में हो जाएगा। ऐसे मामले में मैं इतना कहूंगा कि मित्रों संबंधियों को समझाएं कि लेखक की कृति को आगे बढ़ाने में सर्वप्रथम हमारे परिचितों, मित्र मंडली का सहयोग जरूरी है, यदि हमारे मित्र या परिचित ही हमें सहयोग नहीं करेंगे या अपने परिचितों में अपने मित्र लेखक की पुस्तक के बारे में नहीं बताएंगें तो कैसे उसके लेखन में आपका सहयोग

मिलेगा, इसलिए आप सभी का सहयोग और आशीर्वाद अवश्य दें।

यदि एक पाठक किताब को नहीं खरीदेगा तो कैसे एक लेखक प्रेरित होगा, क्योंकि किताबें नहीं बिकेगी तो लेखक को रॉयल्टी भी नहीं मिलेगी। जिससे लेखक का मनोबल कम हो जाता है और वह अपने लेखक को विराम देने की ओर अग्रसर हो जाता है। यदि आप एक पाठक हैं तो आप अपने मित्र लेखक की किताब खरीदें और अपने मित्रों को भी किताब खरीदनें के लिए प्रेरित किजिए, सोशल मीडिया पर शेयर किजिए। अगर आप अपने मित्र लेखक की किताब भी नहीं खरीद रहें हैं तो कम से कम अपने मित्र मंडली के ग्रुप में शेयर तो करें, ताकि लेखक की किताब के प्रति जागरूकता बढ़े और आपके लेखक मित्र का मनोबल बढ़े।

अध्याय - 15

लेखकों के लिए पुस्तक प्रमोशन करने के कुछ प्रभावी तरीके

अक्सर नए सेल्फ पब्लिश लेखकों के साथ समस्या आती है कि वे अपनी किताब को कैसे मार्केटिंग करें? या कैसे पाठकों तक पहुंचाएं? अपनी पुस्तक का प्रचार कैसे किया जाए, कई बार नये लेखकों को इस बात की जानकारी नहीं होती है। मैंने यहाँ पर कुछ ऐसे टिप्स और जानकारी शेयर करने का प्रयास किया है, जो आपकी

पुस्तक के प्रमोशन के लिए फायदेमंद सिद्ध हो सकते है। यहाँ पर सिर्फ कुछ टिप्स हैं, लेकिन वास्तविक मेहनत और नई मार्केटिंग व प्रमोशन प्लान पर भी आपको स्वयं रिसर्च करना चाहिए। ताकि आपकी किताब की सफलता के लिए नई इबारत लिख सकें।

सार्वजनिक स्थलों पर पुस्तक की प्रतियां निःशुल्क भेंट करें

अक्सर सेल्फ पब्लिश लेखक अपनी प्रतियाँ अपने परिचितों एवं मित्रों को बांटते हैं, ताकि उन्हें पता चल सके कि आपने किताब प्रकाशित कराई है। प्रचार का यह एक अच्छा प्रयास है, लेकिन अक्सर हमारे परिचितों को किताबों में रूचि नहीं होती है या उनके पास पढ़ने का समय नहीं होता है। जिससे आपकी किताब का कोई महत्व नहीं रहता है। ऐसी परिस्थतियों को ध्यान में रखते हुए ऐसे लोगों को जो पढ़ने में रूचि रखते हैं या सार्वजनिक स्थानों पर अपनी पुस्तकें दान करके आप निःशुल्क रूप से प्रभावी विज्ञापन कर सकते हैं। जैसे कि आप डॉक्टरों के क्लीनिक, हेयर सैलून, या कोई भी स्थान जहां प्रतीक्षालय स्थापित हो, अनाथ आश्रम, वृद्धाश्रम गृह, स्थानीय पुस्तकालय, पुलिस चौकी, वरिष्ठ केंद्र, पुनर्वास केंद्र जैसे प्रमुख स्थानों पर किताबें भेंट कर सकते हैं।

ऐसे सार्वजनिक स्थानों पर आपकी किताब को पाठक मिलने की संभावना होती है। हो सकता है कि उन्हें आपकी किताब पसंद आए और वे आपकी अगली किताब को खरीदने के लिए विचार करें या आपकी अगली किताब के लिए गूगल पर सर्च करें। यह भी हो सकता है कि वे आपकी किताब के बारे में अन्य परिचितों में जाकर चर्चा करें। इससे आपको बिना इन्वेस्टमेंट के ही प्रमोशन का लाभ होगा। इस तरह से आपको नये पाठक मिल सकते हैं और निःशुल्क प्रमोशन का माध्यम भी प्राप्त होगा।

पाठकों से Review के लिए अनुरोध करें

किसी भी पुस्तक पर समीक्षा की अधिक संख्या नये पाठकों को बहुत अधिक आकर्षित करती है। वैश्विक स्तरीय पुस्तकों एवं लेखकों के प्लेटफार्म BookBub के एक सर्वे में पाया गया है कि जब किसी पुस्तक की Amazon या Goodreads पर कम से कम 150 से अधिक फाइव स्टार समीक्षाएं होती हैं, तो पुस्तक के पेज पर क्लिक में औसतन 14.1% की वृद्धि होती है। इसलिए सोशल मीडिया के माध्यम से अपने पाठकों को हमेशा समीक्षाएं देने के जरूर प्रेरित करें।

अपने मित्रों और परिचितों से भी समीक्षा के लिए अनुरोध करें

अक्सर लेखक अपने मित्रों या रिश्तेदारों से समीक्षा देने के लिए कहने में संकोच करते है, लेकिन ऐसा करना आपकी पुस्तक की मार्केटिंग के लिए बेहद प्रभावी हो सकता है। अपनी किताब पर समीक्षा के लिए अनुरोध करना कोई गलत काम नहीं है, एक लेखक होने के कारण समीक्षा के लिए अनुरोध करना आपका अधिकार है। यह भी सुनिश्चित करें कि आपके मित्रों या रिश्तेदारों ने आपकी पुस्तक को वास्तव में समय देकर पढ़ा हो, क्योंकि जागरूक पाठक झूठी समीक्षा को अच्छी तरह से समझते हैं। इसके अलावा उन वेबसाइटों पर समीक्षा पॉलिसी को ध्यान से जांच लें, जहां पर आप समीक्षा को पोस्ट करने के लिए अनुरोध कर रहे हैं। उदाहरण के लिए, अमेजन पर परिवार के सदस्यों द्वारा आपकी पुस्तक की समीक्षा करने के लिए सख्त नियम हैं।

अपनी किताबें संपादकीय समीक्षाओं के लिए भेजें

वर्तमान में इन्टरनेट क्रांति के समय में Buuks2Read, Book Geeks, Indian Book Critics जैसी कई ऑनलाइन वेबसाइट हैं, जो सिर्फ पुस्तकों और

लेखकों से संबंधित जानकारी, समीक्षाएं और आलेख प्रकाशित करती हैं। ऐसी वेबसाइट के संपादकों को अपनी पुस्तक की समीक्षाओं के लिए अपनी पुस्तकें भेज सकते हैं। ध्यान दें कि कई वेबसाइट सशुल्क पुस्तक समीक्षाएं प्रकाशित करती हैं।

पाठकों को समीक्षा के लिए धन्यवाद दें

एक लेखक को हमेशा अपनी किताब पर पाठकों द्वारा दी गई समीक्षाओं को पढ़ते रहना चाहिए, क्योंकि पाठक न केवल Free Market Research प्रदान करते हैं, बल्कि पाठक आपकी किताब के लिए एक Networking Tool की तरह कार्य करते हैं। जैसे ही आपकी पुस्तक पर समीक्षा पोस्ट की जाती है, Review पर टिप्पणी पोस्ट करके या सोशल मीडिया पर शेयर करके पाठकों को उनकी समीक्षा के लिए धन्यवाद जरूर दें। पाठकों से जुड़ने का यह व्यक्तिगत दृष्टिकोण एक स्थायी प्रभाव छोड़ता है और आपकी अगली पुस्तक के लिए संभावित खरीदार बनाने में मदद करता है।

Amazon पर अपना Author Page बनाएं

Amazon पर अपना Author Page बनाएं और अपना एक Professional दिखने वाला फोटो अपलोड करें और Author Bio को अच्छे से प्रस्तुत करें। आपका Author Page तब तक थोड़ा खाली दिखाई देगा, जब तक कि आपकी कुछ प्रकाशित पुस्तकों की संख्या न बढ़ जाए।

एक Author Fan Club बनाएं

Fan Club ऐसे समूह हैं, जहां पर सभी पाठक प्रचार गतिविधियों में मदद की उम्मीद के बिना एकत्र हो सकते हैं। पाठक या प्रशंसक लेखक के साथ सीधे बातचीत कर सकते हैं, किताबों पर चर्चा कर सकते हैं और समान विचारधारा वाले पाठकों के

साथ पुस्तकों को लेकर बातचीत कर सकते हैं।

नई पुस्तक में अपनी पिछली पुस्तकों का विज्ञापन करें

लेखकों के लिए अपनी पुरानी प्रकाशित पुस्तकों के प्रचार के लिए अपनी नई पुस्तकों के पीछे एक पृष्ठ में विज्ञापन करना अच्छा विकल्प हो सकता है। यह आमतौर पर केवल एक पृष्ठ होता है, जिसमें पुस्तक का शीर्षक, विवरण, कवर छवि और खरीदारी करने के वेबसाइट के पते शामिल होते हैं। इससे पाठक लेखक की पुरानी किताबों को खरीदने के लिए प्रेरित हो सकता है।

Multi-author Anthology प्रकाशित करें

आलेखों या लघु कथाओं या कविताओं का संकलन प्रकाशित करें और अन्य स्थापित लेखकों को भागीदार बनाएं। यदि आप अपने पाठकों के लिए और अन्य लेखक अपने पाठकों के लिए Anthology का प्रचार करते हैं, तो आप अपने संकलन में जुड़े अन्य लेखकों के पाठकों तक पहुंचकर अपना पाठक वर्ग बढ़ा सकते हैं। कई बार लेखक साझा संकलनों में सशुल्क सहभागिता नहीं करना चाहते हैं, जैसा कि मैं पहले बता चुका हूँ कि ऐसे लेखको की मानसिकता यह होती है कि उन्हें नि:शुल्क प्रकाशन का अधिकार प्राप्त है।

समय-समय पर Readers Interviews का आयोजन करें

एक लेखक को अपने पाठकों का भी हमेशा ध्यान रखना चाहिए। इसके लिए आपको समय-समय पर अपने पाठकों का एक छोटा सा साक्षात्कार करना चाहिए और अपने Social Media Handle पर शेयर करना चाहिए, ताकि पाठक आपसे भावनात्मक रूप से भी जुड़ सकें। आप अपने पाठकों के बारे बताते हुए उनके अनुभव को भी अपने सोशल मीडिया अकाउंट पर शेयर कर सकते हैं।

Local Book Stores पर संपर्क करें

अक्सर स्थानीय या आपके शहर में स्थापित किताबों की दुकानों के मालिक स्थानीय लेखकों की पुस्तकों को बेचने में रुचि रखते है, इसलिए Local Book Stores में संपर्क करें और अपनी पुस्तक को उनके माध्यम से बेचने के लिए बात करें, क्योंकि जब तक आप स्वयं शुरूवात नहीं करेंगें, तब तक आपके पास आकर आपको कोई ऑफर नहीं देगा। यदि आप अन्य स्थानीय लेखकों को भी जानते हैं, तो उन्हें भी इस मुहिम में शामिल करें और अपने द्वारा हस्ताक्षरित प्रतियाँ लाना न भूलें।

एक YouTube Channel बनाएं

Podcasting की तरह, वीडियो पोस्ट भी तेजी से लोकप्रिय हो रहा है, और इसमें हर उस विषय को शामिल किया जा सकता है, जिसके बारे में आप सोच सकते हैं। आप भी एक YouTube Channel बनाएं, जहां आप अपनी पुस्तक के बारे में बात कर सकते हैं, पुस्तक के कुछ अंश पढ़ सकते हैं, अन्य लेखकों का साक्षात्कार पोस्ट कर सकते हैं, पाठक/दर्शकों के सवालों का जवाब दे सकते हैं। उदाहरण के लिए, आप अपनी पुस्तक को पढ़ने के लिए एक वीडियो स्लाइड शो बना सकते हैं। वीडियो के लिए नोट्स में, अपने और अपनी पुस्तक के बारे में एक या दो पैराग्राफ लिखें, और फिर उस जगह से लिंक करें, जहां से पाठक आपकी पुस्तक को ऑनलाइन खरीद सकते हैं।

अपनी पुस्तक पुस्तकालयों को बेचें

क्या आप जानते हैं कि पुस्तकालय कभी-कभी स्वतंत्र लेखकों से भी किताबें खरीदते हैं। बस सुनिश्चित करें कि आपकी पुस्तकें एक थोक पुस्तक विक्रेता या प्रकाशक के माध्यम से उपलब्ध हो, क्योंकि अधिकतर पुस्तकालय इनवॉयस के बिना

पुस्तकें नहीं खरीदते हैं। अपने स्थानीय पुस्तकालय से संपर्क करें और अपनी किताब के बारे में प्रभावी Presentation करें कि उन्हें आपकी पुस्तक को पुस्तकालय में क्यों रखना चाहिए। एक बार एक पुस्तकालय में आपकी पुस्तक उपलब्ध होने के बाद, इसे अधिक से अधिक पुस्तकालयों में लाना आसान हो जाता है।

Facebook पर विज्ञापन करें

यदि आप अपनी पुस्तक के Promotion के लिए कुछ राशि खर्च कर सकते हैं, तो एक फेसबुक पोस्ट को ऐसे लिखें जैसे कि यह आपकी पुस्तक का विज्ञापन हो, जिसमें ध्यान आकर्षित करने वाली तस्वीर भी शामिल हो। इसे अपने फेसबुक पर पोस्ट करें। इसके अलावा आप इस पोस्ट को अपनी पसंद के किसी भी सोशल मीडिया वेबसाइटस या ग्रुपों में भी साझा कर सकते हैं। इससे भी महत्वपूर्ण बात यह है कि आप अपने फेसबुक पेज से सशुल्क प्रचार भी कर सकते हैं। आप ये बहुत सस्ते में कर सकते हैं, और कुछ नए पाठकों को जोड़ने के लिए अच्छा विकल्प है।

Facebook Groups को ज्वाइन करें

पुस्तकों एवं पाठकों से संबंधित फेसबुक ग्रुप में शामिल हों। जहाँ पर आप अपनी पुस्तक के बारे में प्रचार कर सकते हैं और अपने बारे में भी परिचय जरूर दें। सीधे पहली बार में ही पुस्तक के बारे में प्रचार करने से बचें, इससे पाठकों या ग्रुप के अन्य सदस्यों पर खराब प्रभाव भी पड़ सकता है।

Google Ads के माध्यम से विज्ञापन करें

Target Keywords के साथ Google Ads पर विज्ञापन करें, जो आपके पाठकों द्वारा आपके जैसी पुस्तकों को Search करने की संभावना है। प्रत्येक विज्ञापन समूह में विज्ञापन प्रति के कई संस्करण बनाएं और Google को प्रत्येक

विविधता को ऑटोमेटिक रूप से चलाने दें और लक्ष्य का निर्धारण करें। बेहतर रिजल्ट के लिए आप किसी अनुभवी मार्केटिंग एजेंसी की मदद भी ले सकते हैं। मैं आपको यह सलाह दूंगा कि आप अपनी किताब के प्रमोशन के लिए किसी अनुभवी मार्केटिंग एजेंसी की सहायता लें, ताकि आपको बेहतर रिजल्ट मिल सके, क्योंकि यदि आप स्वंय ही विज्ञापन को सेट करने की कोशिश करते हैं तो आपसे गलती की संभावना हो सकती है। जिससे आपको आर्थिक नुकसान हो सकता है। जबकि मार्केटिंग एजेंसी को विज्ञापन चलाने का अच्छा अनुभव होता है।

समसामयिक साक्षात्कार में भाग लें

ऐसे समसामयिक साक्षात्कारों में भाग लेने का प्रयास करें, जहाँ आप प्रभावी रूप से लक्षित पाठकों तक पहुंच सकें। लेखक को स्वयं को ब्रांड बनाने और अपनी पुस्तकों के बारे में जागरूकता बढ़ाने के लिए ऐसे अवसरों का लाभ उठाना चाहिए। सार्वजनिक मंचों पर बढ़-चढ़कर भाग लें और आयोजकों से अनुरोध करें कि वे आपकी पुस्तक के बारे में मंच पर चर्चा करें। इसके अलावा पुस्तक की कुछ प्रतियाँ नि:शुल्क भी बांटें।

विचार करें कि आपको वास्तव में क्या चाहिए

यह एक बड़ा प्रश्न है कि आप अपनी पुस्तक से किस तरह का रिजल्ट प्राप्त करना चाहते हैं। अधिकांश पुस्तक प्रचार कंपनियां इस बारे में बहुत स्पष्ट होती हैं कि वे आपको क्या रिजल्ट देने वाली हैं। यदि आप अपनी पुस्तक के प्रमोशन के लिए एक अनुभवी पुस्तक प्रचार कंपनी को Hire कर रहे हैं, तो उससे कार्य शुरू करने से पूर्व ही सुनिश्चित करें कि आप क्या रिजल्ट चाहते हैं और प्रचार कंपनी से इसे लिखित रूप में प्राप्त करें।

बिक्री अपेक्षाओं पर विचार करें

यदि आपके द्वारा प्रकाशित पुस्तक आपकी पहली पुस्तक है, तो यह विशेष रूप से सच है कि किताबों की बिक्री में समय लगता है और ज्यादातर बुक प्रमोशन कंपनियां आपको यही बात बताएंगी। अधिकांश पुस्तकें तुरंत बिकना शुरू नहीं होती हैं, पुस्तकें बहुत अधिक समय और प्रमोशन बजट की मांग करती हैं। इसलिए यह महत्वपूर्ण है कि आप अपनी पुस्तक प्रचार बजट और उसके अनुसार अपनी पुस्तक मार्केटिंग की योजना बनाएं। अपने पूरे मार्केटिंग बजट को सीधे एक बार में खर्च न करें और यदि आप सुनिश्चित करते हैं कि आप इसे सही तरीके से खर्च करते हैं, तो सही निर्णय ले रहें हैं, तो आप अपना लक्ष्य प्राप्त कर सकते हैं।

Targeted Social Media Ads चलाएं

Facebook और Twitter जैसी साइटें आपको अपने प्लेटफ़ॉर्म पर Users द्वारा व्यक्त की गई प्राथमिकताओं के आधार पर Targeted दर्शकों के लिए विज्ञापनों को लक्षित करने का विकल्प देती हैं। इससे आप आपकी जैसी पुस्तकों या Genres में रुचि रखने वाले लोगों के लिए पुस्तक का विज्ञापन कर सकते हैं। Twitter की अपेक्षा Facebook पर अपने बज़ट के अनुसार विज्ञापन किया जा सकता है। फेसबुक पर आप कम से कम 100 रूपये प्रतिदिन और गूगल पर कम से कम 200 रूपये प्रतिदिन बज़ट के साथ विज्ञापन चला सकते हैं। जबकि ट्वीटर पर इन दोनों की अपेक्षा अधिक बज़ट की आवश्यकता होती है। सोशल मीडिया पर विज्ञापन चलाने के लिए किसी अनुभवी मार्केटिंग एजेंसी की भी सेवाएं ली जा सकती हैं। ध्यान दें कि मार्केटिंग एजेंसिया आपकी आवश्यकता एवं टार्गेट के अनुसार आपसे चार्ज वसूल करती हैं।

एक प्रेस विज्ञप्ति लिखें और Syndicate करें

एक नई किताब की प्रकाशन की जानकारी देते हुए एक सूचनात्मक प्रेस विज्ञप्ति बनाएं। ऑनलाइन पुस्तकों के लिंक और SEO को ध्यान में रखते हुए अपनी वेबसाइट से लिंक करें। समाचार वेबसाइटों और ब्लॉगों के लिए प्रेस विज्ञप्ति को सिंडिकेट करने के लिए एक Free Press Release Distribution का उपयोग करें। कुछ प्रमुख वेबसाइट्स जिनमें Free Press Release Distribution, Issue Wire, PRZoom, OpenPR, Prnewswire, Betanews, Einpresswire, Presswire, Onlywire आदि हैं, जहाँ पर आप प्रेस विज्ञप्ति सबमिट कर सकते हैं।

स्थानीय मीडिया से संपर्क करें

स्थानीय मीडिया वेबसाइटों को अपनी पुस्तक की प्रकाशन जानकारी देते हुए प्रेस विज्ञप्ति भेजें और उनके कार्यालय पर एक निःशुल्क प्रति भी प्रदान करें। पुस्तक के साथ एक प्रेस विज्ञप्ति और व्यक्तिगत पत्र भेजकर प्रकाशन का अनुरोध करें। स्थानीय मीडिया आमतौर पर स्थानीय समाचार को प्राथमिकता देते है। अपने क्षेत्रीय मीडिया कार्यलयों के बारे में थोड़ी जानकारी प्राप्त करें या अपने स्थानीय मीडिया आउटलेट को खोजें। साथ ही उन्हें यह सुनिश्चित करने के लिए एक परिचयात्मक ईमेल भेजें कि आप स्थानीय लेखक हैं और आपकी पुस्तक का समाचार उनके समाचार पत्र के लिए महत्वपूर्ण हो सकता है।

पाठकों के लिए प्रतियोगिता चलाएं

पाठकों को आपकी पोस्ट को शेयर करने, किसी पोस्ट पर टिप्पणी करने, या किसी पोस्ट को लाइक करने के लिए प्रतियोगिता का आयोजन करें और किसी

पुस्तक या अन्य आकर्षक पुरस्कार की मुफ्त हस्ताक्षरित कॉपी पुरस्कार के रूप में प्रदान करें और अपने अन्य सोशल मीडिया चैनलों पर प्रतियोगिता को प्रचारित करें।

अपनी नई पुस्तक का लिंक शेयर करें

अपनी पुस्तक से लिंक करने के लिए High-visibility Place खोजें। जैसे, कई लेखक अपने व्यक्तिगत ईमेल हस्ताक्षर, Twitter Bio, Facebook Page Bio, About Me Page और Linkedin Bio में पुस्तक का लिंक शामिल करते हैं। जो लेखकों के लिए विज्ञापन का काम करता है।

अपनी किताबों की कीमत कम रखें

आज पाठकों के पास लाखों पुस्तकों को खरीदने के विकल्प मौजूद हैं, इसलिए नए पाठकों को कम कीमत की पुस्तक का विकल्प देना एक अच्छा विचार है ताकि वे आपको जान सकें। यदि आप पहली बार पुस्तक प्रकाशित कर रहें हैं तो आपके लिए भी यह एक बढ़िया रणनीति है। अक्सर कई लेखक पहली पुस्तक में ही अपनी पुस्तक का मूल्य बहुत ज्यादा रख देते हैं, जिस कारण उनकी पुस्तकें बिक नहीं पाती है और संभावित पाठकों से दूर हो जाती है।

Author Website जरूर बनवाएं

एक लेखक को अपनी Author Website जरूर बनवानी चाहिए। जहाँ पर लेखक के बारे में, पुस्तकों के बारे में और पुस्तक को खरीदने के लिंक उपलब्ध होने चाहिए। साथ ही ध्यान रखें कि आपकी साइट एक मार्केटिंग टूल होनी चाहिए जो ब्लॉगिंग से लेकर किताबें बेचने व न्यूज़लेटर ईमेल भेजने और आपकी सभी ऑनलाइन गतिविधियों के केंद्र के रूप में कार्य करे। आपकी सभी पुस्तकों से लिंक करने वाला एक पेज भी वेबसाइट पर अवश्य बनवाएं।

अपने Social Media प्रोफाइल को Claim करें

Facebook, Twitter, Instagram, Pinterest, Tumblr, LinkedIn, और About.me पर अपना पेज या प्रोफाइल जरूर बनाएं। यहां तक कि अगर आपके पास प्रत्येक साइट पर सक्रिय प्रोफ़ाइल नहीं हैं, तो कम से कम अपने नाम को जरूर रजिस्टर करें और उन पाठकों को सूचित करें जो आपकी सबसे सक्रिय सोशल मीडिया प्रोफ़ाइल पर विजिट करते हैं।

Goodreads प्रोफाइल बनाएं

Goodreads पाठकों का एक विशाल Social Network है। Goodreads एक ऐसी जगह है जहां लोग जो पढ़ रहे हैं उसे शेयर करने के लिए जाते हैं और जबकि Goodreads कई लेखकों के करियर बनाने के लिए जाना जाता है। इसलिए आपको अपनी प्रोफाइल Goodreads पर जरूर बनानी चाहिए और अपनी प्रोफाइल को Claim जरूर कर लें।

Pre-order के लिए किताबें उपलब्ध कराएं

अपनी किताब को प्रकाशित करने से पूर्व Pre-order चलाएं और पाठकों को सूचित करें। ताकि आपको अनुमानित बिक्री और पाठकों का रूझान का पता चल सके। इससे यह भी एक फायदा होता है कि आपके पाठक Pre-order के बाद लिंक शेयर कर सकते हैं और अन्य लोगों के साथ चर्चा भी कर सकते हैं।

अपने लक्षित पाठकों का Survey करें

पुस्तक के संभावित पाठकों से Demographics, Psycho-graphics और Behavior के बारे में Survey करें, ताकि आप बेहतर ढंग से समझ सकें कि पाठकों को किस तरह से आकर्षित करना है और वे आपकी किस पोस्ट या संदेश

का जवाब देंगे। Survey के बाद पाठकों की पंसद के अनुसार ही पुस्तक के कुछ अंश को समय-समय पर सोशल मीडिया पर पोस्ट करें, ताकि पाठक शेयर करें और कमेंट करें, ताकि आपको नये पाठक मिल सकें।

Amazon के शीर्ष समीक्षकों को निःशुल्क प्रतियां ऑफ़र करें

अपनी नई पुस्तक के लिए समीक्षाएं प्राप्त करने के सबसे अच्छे विकल्पों में से एक यह है कि आप अपनी पिछली किसी भी पुस्तक के समीक्षकों को निःशुल्क प्रति प्रदान करें और विनम्र अनुरोध के साथ संपर्क करें। यदि आप पहली बार लेखक हैं, तो आप अमेज़ॅन के Top Reviewers को देख सकते हैं और उन लोगों को शॉर्टलिस्ट कर सकते हैं जिनसे आप अपनी पुस्तकों की समीक्षा कराना चाहते हैं। हालांकि Amazon प्री-ऑर्डर की किताबों के लिए समीक्षा का समर्थन नहीं करता है, अगर आपने अपनी पुस्तक का पेपरबैक संस्करण जारी किया है और इसे अपनी अप्रकाशित ईबुक से लिंक किया है, तो पेपरबैक के लिए पोस्ट किया गया कोई भी Review आपकी ईबुक पर कॉपी हो जाएगा। इस तरह, आपकी पुस्तक लॉन्च होने के दिन से ही सामाजिक प्रमाण के साथ तैयार हो जाएगी। Goodreads पूर्व-रिलीज़ पुस्तकों के लिए समीक्षा को पोस्ट करने की अनुमति देता है। ध्यान दें कि भले ही Goodreads का स्वामित्व Amazon के पास है, लेकिन एक साइट पर पोस्ट की गई समीक्षाओं को दूसरी साइट पर माइग्रेट नहीं किया जा सकता है। सामान्य तौर पर, आप जितने समीक्षा का लक्ष्य बना रहे हैं, उतने Reviewers से चार गुना संपर्क करें।

Pre-order करने वाले पाठकों को Digital Gift भेजें

Pre-order करने वाले पाठकों को कोरियर या डाक द्वारा गिफ्ट भेजना

महंगा विकल्प हो सकता है, इसलिए Digital Gift पैक एक बढ़िया विकल्प हो सकता है। इसमें विशेष सामग्री जैसे लघु कथाएँ, लेखक की टिप्पणी, हटाए गए दृश्य या High-Resolution Posters शामिल हो सकते हैं।

नई पुस्तकों का प्रकाशन जारी रखें

अक्सर लेखक पहली पुस्तक के सफल न होने पर हताश हो जाते हैं, जबकि उन्हें अपनी पुस्तक को पाठकों के बीच पहुंचानें के लिए हमेशा नये प्रयोग करने चाहिए। इसके अलावा नई पुस्तकें समयान्तराल पर प्रकाशित करनी चाहिए। ताकि नई पुस्तकों को लगातार प्रकाशित करने से आपको एक व्यापक पाठक वर्ग प्राप्त करने में मदद मिलेगी, पाठक आपकी अन्य पुस्तकों में रुचि रख सकता है।

नोट : 'बेस्ट सेलर लेखक कैसे बनें' पुस्तक के लेखक द्वारा इस अध्याय में मार्केटिंग एवं प्रमोशन टिप्स के लिए कई वेबसाइट का अध्ययन किया गया है और उन्हें अपनी लेखन शैली में प्रस्तुत किया गया है। इस अध्याय की सामग्री के स्रोत *Bookbub.com* और *eBookit.com* सहित अन्य स्रोतों को विशेष धन्यवाद।

www.ingramcontent.com/pod-product-compliance
Lightning Source LLC
Chambersburg PA
CBHW021803130726

47987CB00008B/3002